사랑하는

_____ 님께

_____ 드립니다.

인생의
성공에
도전하라

초판 1쇄 발행 | 2017년 4월 20일

지은이 | 오 성 택
펴낸이 | 채 주 희
펴낸곳 | 엘맨

등   록 | 제10-1562호(1985. 10. 29)
주   소 | 서울시 마포구 신수동 448-6
전   화 | (02) 323-4060
팩   스 | (02) 323-6416
이메일 | elman1985@hanmail.net
홈페이지 | www.elman.kr

값 11,000원

인생의
성공에
도전하라

오성택 지음

좋은 책으로 하나님의 사람을 만들어 가는 **엘 맨**

나의 신조

나는 우주와 인간을 창조하신 하나님의 뜻이
실패 아닌 성공이라 믿는다.

나는 하나님께서 누구에게나 성공할 수 있는
가능성을 주셨다고 믿는다.

나는 나의 가능성을 가장 잘 개발할 수 있는
자는 나 자신이라고 믿는다.

나는 하나님께서 나에게 주신 가능성을 개발
할 의무와 권리가 있다고 믿는다.

나는 하나님께서 이웃에게 주신 가능성도 개발
할 의무와 권리가 있다고 믿는다.

성경에 "항상 기뻐하라 쉬지 말고 기도하라. 범사에 감사하라"(살전 5:16-18)는 말씀이 있습니다.

그러나 예수님의 명령과는 달리 항상 기뻐하고 기도하고 감사하지 못할 때도 많습니다.

저는 교회를 개척하고 33년을 달려왔습니다. 꿈이 많았던 저에게 오늘에 이르기까지 위기가 많았었습니다. 30대 중반부터 육체의 위기가 왔습니다. 개척하며 곁눈질하지 않고 오직 하나님의 일과 성도들의 영혼, 그리고 교회성장을 위해 몸부림치며 건강 한번 돌보지 않고 달려왔던 그 후유증이 폐결핵과 급성폐렴으로 동통이 나서 폐를 잘라야 하는 적도 있었고, 목 안에 종양으로 3번씩 3년 동안 대수술을 받아야 했습니다. 그리고 2001년 3월 8일 과로로 쓰러져 3개월 동안 투병생활을 해야 했습니다.

교회개척 10년만에 등록 교인 장년부 1천여명으로 성장했고 지하 1층, 지상 5층의 예배당 건축, 교회 주차장 확보, 또한 대전 유성에 영주기도원 8천평을 세울 수 있었던 것은 오직 하나님의 은혜요 축복이었습니다.

돌이켜 보면, 종의 곁에는 좋은 분들이 많이 있었습니다.

종의 건강을 위해 어머니의 손길처럼 늘 보살펴주시는 루디아와 뵈뵈 같은 성도들이 있었습니다. 또한 세계 선교를 위해 달려가라고 기도와 물질로 아낌없이 후원을 해주시는 여종들의 사랑을 잊을 수가 없습니다.

그리고 성경연구를 위해 교육비, 책 출판을 위해서 인쇄비를 후원해 주신 무명의 믿음의 성도들, 또 긍정적인 신앙관으로 격려하고 물심양면으로 협조해주신 장로님들을 비롯하여 권사님들과 온 성도님들께 고개 숙여 깊은 감사를 드립니다.

부족한 종에게 피를 나눈 형제들보다 더 관심을 갖고 아낌없는 사랑을 베풀어주신 것에 감격하며, 이 은혜를 생각하면 눈물을 쏟으며 감사를 드려도 부족할 따름입니다.

그리고 이 책을 읽는 모든 사람들은 독수리가 날개

치며 올라감 같은 기상을 가지고 뛰어가도, 곤비치 않는다는 사고로 항상 적극적이고 진취적인 삶을 영위하시기를 바랍니다.

사람은 그 사람이 생각하는 것 이상 발전도 성장도 할 수 없습니다. 하나님은 그 사람의 생각의 분량대로 축복하십니다. 그러므로 좋은 생각을 심고 꿈을 키우십시오. 그대로 될것입니다.

이제는 적극적인 신앙, 적극적인 사고(생각)를 가지고 당신이 설정한 목표를 향해 '도전'하십시오. 반드시 당신은 목표한 그 일을 이루시리라 믿습니다.

당신은 당신이 원하는 인물, 원하는 미래의 설계사가 되십시오.

그리고 말기 암으로 11년째 투병중인 아내 임정희 사모가 회복되기를 기도하며, 이 책이 출판되기까지 어려운 생활 가운데서도 무명으로 후원해주신 오 권 사님께 깊은 감사를 드리며 언제나 살아있고 생명력 있는 책만을 출판하는 엘맨출판사 채주희 사장님과 원고 정리를 위해 수고하신 출판사 직원 여러분에게 고마움의 뜻을 전합니다.

대전 영주기도원에서

오성택 목사

제1장

하나님의
인간 창조와
성공

하나님의
인간 창조와 성공

하나님은 모든 창조물 중에 특별히 인간만을 구별하여 창조하셨습니다. 천지는 바라(창 1:1, 무에서 유를 창조)하셨고, 천지의 모든 동·식물은 아사(창 1:21, 개조한 창조)하셨고, 인간만은 야탈(창 1:26, 모장 창조)하셨다고 창세기의 기록에서 말하고 있습니다.

하나님은 인간만은 특별히 그분의 형상을 닮은 존재로(Imago Dei) 창조하셨습니다. 그러므로 인간은 하나님의 무한한 가능성을 닮은 존재입니다. 하나님께서 인간을 창조하시고 복을 주신 후에 첫번째 말씀은 "생육하고 번성하여 땅에 움직이는 모든 생물을 다스리라"(창 1:28)는 것이었습니다.

예수님께서 이 땅에 오신 후 공생애 기간에 처음 베푼 기적은 가나 혼인잔치에서 물을 포도주로 만드신 일이었다. 이는 가장 무가치한 것을 가장 가치있는 것으로 바꾸시는 예수님의 본질적인 사명의 첫 신호였습니다.

하나님과 예수님의 뜻은 분명히 죽음이 아닌 영생이며, 암흑이 아닌 광명이요 질병이 아닌 건강이며, 저주가 아닌 축복이요, 실패가 아닌 성공임에 틀림이 없습니다.

하나님께서는 그분의 뜻을 다음과 같이 분명히 선포하고 있습니다.

"네가 많은 민족에게 꾸어줄지라도 너는 꾸지 아니할 것이요 여호와께서 너를 머리가 되고 꼬리가 되지 않게 하시며 위에만 있고 아래에 있지 않게 하시리니…"(신 28:12-13)

가난하게 사는 것은 본래 하나님의 뜻은 아닙니다. 가난하여 이곳저곳 옮겨다니는 셋방살이, 빚에 시달리고 실패하는 삶, 영양실조에 걸리는 것이 하나님의 뜻은 아닙니다.

요한 웨슬레는 하나님을 따르는 자들은 물질에 대하여 다음 세 가지 사항을 꼭 지켜야한다고 강조합니다.

첫째, 돈을 될 수 있는 대로 많이 버십시오(Get more money).

아이디어를 총동원하고 모든 능력을 발휘하여 가장 합법적인 방법으로 돈을 많이 버는 것이 하나님의 뜻입니다.

둘째, 돈을 될 수 있는 대로 많이 저축하십시오(Save more money).

낭비하지 말고 유용하게 쓰도록 모으는 것이 하나님의 뜻입니다.

셋째, 돈을 될 수 있는 대로 많이 남에게 주십시오

(Give more money).

할 수 있는 대로 많이 벌어 이웃에게 많이 주는 것이 하나님의 분명한 뜻입니다.

하나님은 인간을 성공적인 삶을 살도록 창조하셨습니다.

성공연구가인 지그 지글러는 벼룩 훈련법을 연구해낸 사람입니다. 벼룩은 바닥에서 놓으면 천장까지 뛸 수 있는 놀라운 점프력을 가지고 있습니다. 그런데 그 벼룩을 병에 담아 놓고 뚜껑을 덮어놓으면 그 병 안에서 한참을 뛰던 벼룩은 기껏 뛰어봐야 그의 한계가 병 뚜껑인 것을 느끼게 됩니다. '아, 내 능력은 병 뚜껑까지로구나.' 하고 스스로 자기의 한계를 한정시켜 버리고 맙니다. 그때에 병 뚜껑을 열어 놓으면 이때야말로 천장까지 뛸 수 있는 절호의 찬스임에도 불구하고 '아, 내가 뛰어봐야 병뚜껑이야!' 하고 뛰는 것을 포기하고 맙니다. 하면 되는데, 뛸 수 있는데, 스스로 못한다고 의식화시키고 있는 것입니다. 우리도 마찬가지입니다. 벼룩의 훈련을 자신에게 시키고 있습니다. 나는 돈이 없으니까, 나는 배우지 못했으니까, 나는 능력이 없으니까, 나는 늙었으니까 못 한다고 먼저 말을 내뱉습니다. 하면 되는데 못한다고 단정짓습니다.

성공 연구가 폴마이어는 금붕어를 연구했습니다. 어항 한쪽에는 금붕어를 넣고 다른 한쪽에는 굶주린 메기를 집어넣습니다. 그리고 가운데에 유리벽을 세웁니다. 굶주린 메기가 금붕어를 잡아먹기 위해서 쏜살같이 달려오다가는 유리벽에 부딪히고 맙니다. 계속 몇 번을 시도하다가 '아, 나는 금붕어를 먹을 수가 없구나.' 하고 스스로를 의식화시켜 버립니다. 그때에 유리벽을 들어냅니다. 이제야말로 금붕어를 잡아먹을 수 있는 절호의 기회임에도 불구하고 메기는 쏜살같이 금붕어를 향하여 달리다가 유리벽 있는 지점에서 휙 돌아 달아나 버리고 맙니다. 못한다고 생각해 버리는 것입니다. 못한다고 생각하기에 못하는 것입니다. 할 수 있다고 말하면 할 수 있는데도 불구하고 못한다고 말하기에 못하는 것입니다.

인간들이 지혜를 남용하니까 현자들이 행복과 성공

의 비결을 빼앗아 은밀한 곳에 숨기기로 작정하고 어디에 숨길 것이냐를 의논했다. 한 현자가 "인간의 행복과 성공을 땅 속에다가 매장합시다." 하고 말했다. 이에 다른 현자는 "아니오, 땅 속에 묻게 되면 땅을 파다가 발견하게 될 것입니다."라고 했습니다. 그러자 다른 현자가 말했습니다. "그러면 깊은 바다 속에 숨겨 놓읍시다." "아니요, 깊은 바다 속도 인간들은 찾아낼 것이요." "그러면 산꼭대기에다 올려놓읍시다." "아 거기도 올라가서 찾아낼 것이요."

현자들은 온종일 생각해 보았지만 행복과 성공을 감출 수 있는 장소를 찾지 못했습니다. 그들은 "아, 땅 속도 안 되고 산꼭대기도 안 되는구나!" 하면서 포기한 상태로 밤을 맞았는데 한 현자가 말했습니다. "아! 있다. 행복과 성공의 비결을 숨길 곳이 있다. 그것들을 인간속에다 숨기자. 그러면 찾기가 어려울 것이다. 왜냐하면 인간들이 그것을 자신들 안에서 찾을 것이라고는 생각도 못할 것이기 때문이다." 이렇게 행복과 성공을 인간의 마음속에 숨겨놓았다는 이야기가 있습

니다. 우리의 마음속에 행복과 성공의 비결이 있다는 이야기입니다.

하나님께서는 우리에게 모든 것을 주셨습니다. 내게 능력 주시는 자 안에서 내가 모든 것을 할 수 있다고 말씀하셨습니다.

10만원이 주머니에 있는 데도 불구하고 있는 것을 모르면 있으나마나한 것입니다. 10억이 있는 데도 불구하고 1억밖에 없는 줄 안다면 9억은 있으나마나한 것입니다. 하나님께서 100이라는 능력을 주셨는데 우리는 겨우 하나밖에 쓰지 못하는 실정입니다. 하나님의 야탈 창조의 독특성을 다음 네 가지로 나누어 연구해 봅시다.

1. 하나님께서 인간에게 주신 무한한 가능성

하나님께서는 인간에게 무한한 가능성을 부여하셨습니다. 독일의 뇌학자 에코노모가 사람의 머리를 세밀하게 연구하였습니다. 그는 인간의 대뇌는 무게가 약 1,500g이고, 핑크색 제지와 같은 고체로, 두께는 평균 3mm이고 펼치면 2,240cm^2(신문지 한장 넓이)가 된다고 했습니다. 그리고, 세포수는 무려 139억 5,300만 개로, 그 한 개의 세포가 소형 트랜지스터 1개의 성능과 같다는 엄청난 결과를 발표하였다.

노이만 박사는 뇌세포와 트랜지스터의 비교 논문에서 뇌세포는 트랜지스터보다도 속도가 1만~10만배나 빠름을 밝혀냈습니다. 인간의 두뇌는 신비하고도 불가사의한 존재입니다. 아직까지 두뇌에 대한 연구는 유치원 수준을 벗어나지 못하고 있지만, 저슨 C.헤릭 박사는 뇌세포를 연결시키는 선은 1에 0을 1,500만 개 붙인 숫자와 같다고 했다.

이처럼 신비한 뇌를 인간은 얼마나 사용하고 있느

나에 대하여 캘리포니아대학 심리학교수인 길포오드 박사는 대체로 30% 정도 사용한다고 말합니다.

그러나 캘럽 박사는 보통 사람은 2~5% 정도를 일생 동안 사용하며, 아인슈타인은 15% 개발이라는 경이적인 기록을 세웠다고 주장하였습니다.

또 어떤 무명의 뇌 학자는 괴테가 일생 동안에 0.4%, 아인슈타인이 0.6%를 사용하였고, 인간 중 1%의 머리를 개발한 사람은 인류역사상 없었다고 결론을 내리기도 했습니다. 어쨌든 하나님께서는 인간에게 무한한 가능성을 주신 것만은 틀림이 없습니다.

미국 서해안의 학자들이 다음과 같은 실험을 해보았다고 합니다. 한 어미쥐에서 같은 날 태어난 쥐 두 마리를 취하여 한 마리는 굴속에서 기르고, 다른 한 마리는 80일 동안 여러 가지 교육을 시켰습니다. 그랬더니 교육을 받아 머리가 개발된 쥐는 대뇌피질이 2mm나 얇아지고 코올리인스타제라는 물질이 생긴 것을 발견할 수 있었다고 합니다. 즉, 두뇌는 개발할수록 무한한 가능성이 되살아난다는 것입니다.

사실은 동물도 마찬가지입니다. 10여 년 전, 보통 젖소는 연간 400파운드 정도의 우유를 생산하였을 뿐이었습니다. 그 당시 최고 실적은 연간 600~700파운드로 나타나 있습니다. 그러나 놀랍게도 오늘날 세계에서 우유 생산 최고기록을 세운 오하이오의 홀스타인 젖소는 연간 총 47,500파운드의 우유를 생산하였다고 합니다. 옛날의 젖소는 기적의 가능성을 묻어두고 있었던 것입니다.

또 얼마 전 암탉의 연간 평균 산란 량은 최고 80~100개에 불과했었습니다. 그러나 사육기술의 발달과 인공조명의 설치로 말미암아 오늘날 암탉의 평균 산란량은 연간 300개 이상에 이르고 있습니다.

인간이나 동물들은 아깝게도 무한한 가능성을 깊이 묻어두고 살고 있다고 할 수 있습니다. 나는 문득 예수님께서 마가복음 10장 30절에서 예수를 따르는 이들에게 100배의 축복을 받을 것이라는 말씀을 읽으며 처음에는 "째째한 예수"로 알았습니다. 나 같으면 100배가 아니라 100만배의 축복을 하리라고 생각했습니

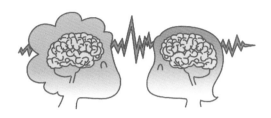

다. 그리고 예수님의 축복의 최고 숫자가 100을 넘지 못한다는 사실에 이상함을 느꼈습니다.

씨를 심어 30배, 60배, 100배의 결실을 한다는 기록이 있는데다 100배 이상의 결실은 없습니다. 그래서 신약이나 구약 전체에서 연구해 보기로 작정하였습니다. 청년들과 함께 핀셋을 들고 보통 먹는 밥 한 그릇의 쌀알을 세어본 결과, 약 5,000알인 것을 알았습니다. 그리고 쌀 한 알을 100배의 축복으로 10년을 계속 심으면 1에 0이 20개나 붙는 천문학적 숫자인 것도 알게 되었습니다. 그래서 10의 20제곱÷5,000알÷40억 인구÷하루 세끼÷365일 하였더니 대략 5,000년이라는 계산까지 나왔습니다. 즉, 쌀알 하나를 100배의 축복으로 10년을 심으면 40억의 인구가 5,000년을 먹을 수 있는 양식이 나온다는 놀랄 만한 결론을 얻고는 너무 기뻐서 3일간이나 잠이 오지 않았던 생각이 났습니다.

예수님께 말씀하신 100배의 축복은 실로 엄청난 가능성이 있음을 깨닫게 되었습니다. 예수님께서 말씀하신 100배 축복의 가능성은 항상 우리 내부에서 흐르고 있습니다.

어떤 생물학자가 "인간이 가지고 있는 잠재적인 에너지는 얼마나 될까?"에 대하여 연구한 결과, 몸무게 1파운드당 1,140kw의 에너지를 가지고 있다는 것을 알아냈습니다. 그것은 5억 7,000만 달러에 해당한다고 합니다. 만일 몸무게가 150파운드인 사람이 있다고 하면, 그 사람은 85,500,000,000달러의 가치를 가지고 있는 것입니다. 따라서 억만장자 85명을 집합해 놓아야 한 사람의 가치가 되는 것입니다. 얼마나 인간의 값어치가 큰지 모릅니다.

내의 명주(內衣明珠)라는 말이 있습니다.

옛날 인도의 어떤 장자(長者)가 귀여운 자기 아들 옷 속에 값진 보배 구슬을 매달아 주었습니다. 그러나 그 아이는 집을 뛰쳐나와 거지가 되어 유랑하면서도 그 구슬이 자기 옷 안에 있는 줄을 몰랐습니다. 몇 해 만에 자기 집을 찾아오게 된 그 아들에게 "어째서 너는 네 옷 속에 값진 보배 구슬이 있는데도 거지 노릇을 하게 되었느냐?"고 묻자, 그때서야 그 거지 아들은 자기 옷섶에서 구슬을 발견하게 되었습니다. 실로 누구에게나 다 내의 명주가 있습니다.

마찬가지로 하나님께서는 누구에게나 무한한 가능성을 부여해 주셨습니다.

2. 하나님께서 인간에게 주신 엄청난 가치성

인간의 가치는 얼마나 될까요? 서구의 어느 학자가 사람의 육체 원소를 분석하여 같은 종류끼리 모아놓고 보니 1불 98센트(약 2,000원) 가량 된다고 발표한 적이 있습니다. '정말 그럴까?'하고 깊이 생각하여 보았습니다. 그러던 어느 날, 나는 위대한 진리를 깨달았습니다. 1989년 여름, 성모병원에 폐렴으로 입원해 있었던 때였습니다. 옆의 환자가 "저는요, 폐가 나빠서 한쪽 폐를 갈아 끼워야 하는데 700만원을 달랍니다."라고 말했다. 이 말 한마디에 나는 굉장한 영감을 받았습니다. 나는 건강한 폐가 둘 있으니 폐값만 1,400만원이 되는 것입니다. 콩팥 한 개를 수술하는 비용이 1,000만원이라니 두 개면 2,000만원, 이를 하나 갈아 끼우는데 15만원이라면 32개니까 480만원이 듭니다. 미국의 가수 빙 크로스비(Bing Hry Lillis Crosby)는 자신의 목소리값으로 10만불(약 1억 3천만원)을 걸었습니다. 누가 10억을 준다고 두 눈을 팔라면 선뜻 승낙

할까요? 1억을 준다면 다리를 잘라 줄까요?

나는 침상에 누운 채 나의 몸값을 머리부터 발끝까지 계산해 보기 시작했다. 정말 아연할 정도로 비싼 몸이었습니다. 주택 유지비로 하루에 1천달러(약 1백30만원)를 쓰고 있는 뉴욕 최고의 땅부자 웬델(John Cottlieb Wendel)의 돈을 다 주어도 내 몸을 사려면 어림도 없습니다. 1분에 100달러씩 증가하는 록펠러(John Davison Rockefoller)의 전 재산 30억불(3조원)을 다 주어도 팔 수 없는 귀중한 내 몸임을 깨달았다. 그래서 예수님께서는 일찍이 "온 천하보다 귀한 목숨"이라고 말씀하셨다. 하나님께서는 적어도 인간 하나 하나를 그렇게 귀중하게 야탈 창조하신 것이다.

노만 V. 필 목사님의 〈독수리와 닭〉의 이야기는 유명합니다. 어느 날 모험을 좋아하는 소년이 양계장을 하는 아버지의 암탉 품속에 근처 산에서 발견한 독수리알을 한 개 집어넣

었습니다. 드디어 병아리도, 독수리새끼도 깨어났습니다. 독수리 새끼는 자기는 병아리라고 생각하며 병아리와 똑같이 행동하였습니다. 그러던 어느 날 큰 독수리 한 마리가 양계장 상공을 멋지게 맴돌다 날아갔습니다. 그때 갑자기 그 독수리새끼는 자기를 발견하였습니다.

"난 저 새를 닮았어. 양계장은 나에게 어울리지 않아. 난 높은 하늘을 날고 바위 산에 오르고 싶어."

그는 이제까지의 생각과 행동을 청산하고 날개에 힘을 주며 허공을 치솟았다. 그는 자신이 독수리였지 병아리가 아니었음을 깨달은 것입니다.

내가 온 천하보다 귀한 존재인 것을 깨달으면 내몸에 힘이 솟구치는 것을 느끼게 될 것입니다.

이렇듯 하나님께서는 인간에게 엄청난 가치성을 부여하셨습니다.

3. 하나님께서는 인간에게 지우개만은 주시지 않았다.

우리는 인생(人生)이라 말하지 이생(二生)이라 말하지 않습니다. 二生이라면 한 번 실패하면 다음에 성공할 기회가 있습니다. 한번 아무렇게 살아도 다음 번에 보람있게 살면 되는 여유가 있습니다. 그러나 유감스럽게도 인간의 일생은 한번 지나간 것은 잘된 것이든 잘못된 것이든 지울 지우개를 하나님께서는 허락지 않으셨습니다.

버나드 쇼(George Bernd show)는 수줍음 때문에 친구집에도 놀러가지 못했던 소년이었습니다. 그러나 그는 후에 영국 최고의 웅변자가 되었습니다.

1876년 그가 20세가 되던 해 위대한 결심을 하였습니다.

"내 인생은 한 번뿐이다. 한 번뿐인 인생을 사무원 노릇이나 하면서 지낼 수가 없다."

이 위대한 인생 선언으로 영국 제일의 웅변가가 된

버나드 쇼는 늘 이렇게 말했습니다.

"내겐 살아있는 것만으로도 인생이 즐겁다. 세익스피어는 맥베드로 하여금 '인생은 짧은 양초'라고 말하게 했지만 나와는 경우가 다르다. 나는 인생을 '커다란 횃불'과 같은 것으로 보고 싶다. 지금 그것을 내 손에 들고 있지만 가능하면 활활 타오르도록 만들어 다음 세대의 손에 건네주고 싶다."

그는 인생에 지우개가 없는 것을 일찍이 깨닫고 하루하루를 성실하게 살았던 사람입니다.

데 그레트라고 하는 사람은 이렇게 말했습니다.

"이 세상은 꼭 한번 지나간다. 그러므로 내가 베풀어야 할 친절이 있다면, 내가 줄 수 있는 좋은 것이 있다면, 지금 당장 그렇게 하겠다. 그것을 게을리 하거나 연기하지 않을 것이다. 왜냐하면 나는 이 세상을 두번 다시 지나갈 수 없기 때문이다."

하나님께서는 인간에게 무한한 가능성과 엄청난 가치성과 독특한 유일성을 주셨지만 지우개만은 결코 주시지 아니하셨습니다. 10억원이 예금된 저금통장을 찾지 못하여 못쓰고 있다면 얼마나 안타까울까요? 하나님께서 우리에게 부어주신 가능성과 가치성과 유일성은 너무도 놀라운 것입니다.

그런데 인간에겐 지우개가 없음을 잊지 말아야 합니다.

제2장

성공적인
목표에로의
출발

성공적인 목표에로의
출발

성공자는 누구나 간단한 방법으로 대성했는데, 그것은 바로 출발에 있습니다. 출발하지 않으면 어떤 곳에도 도착할 수가 없습니다. 적극적인 아이디어가 생기면 그 아이디어가 자랄 수 있도록 영양분을 공급하고, 성공적인 목표가 설정이 되면 그 아이디어에 다리를 달아 걷게 하고, 날개를 달아 날게 하고, 출발하면 되는 것입니다. 이상한 일은 일단 시작하기만 하면 상상외로 문제가 쉽게 풀리는 것을 느끼게 됩니다. 그래서 성공한 사람들은 목표를 세워 놓고 출발하는 데 있어서 다음 두 가지 속담을 만들어냈습니다.

성공한자들의 첫째 속담 – "출발은 성공이다."

우리나라 속담은 "시작이 반이다"라고 하지만 성공한 자들의 속담은 "시작이 성공이다"입니다.

미국의 광고대리점을 대상으로 2,500명을 조사하면서 "당신은 무엇 때문에 실패했는가?"의 설문에 실패의 이유 30가지가 나왔는데 가장 대표적인 이유는 결단력의 부족에 있었습니다.

똑같은 두 개의 건초더미 사이에 노새가 서 있었습니다. 그 노새는 배가 몹시 고팠으나 거기서 어떤 풀을 먹어야 할지 결정하지 못한 채 굶어죽었다고 합니다.

결단을 내리라. 그리고 출발하라.

벤 프랭크린은 "여러 가지 일을 시도한 사람은 많은 실수를 저지른다. 그러나 가장 큰 실수는 아무것도 하지 않는 것이다." 라고 말하였습니다.

지글레오는 실패하는 원인은 행동하지 않는데 있다고 말했습니다. 윌리암 J. 레일리 박사도 "실수를 범하지 않는 사람은 아무 일도 하지 않는 사람이다. 그러나 그것이 가장 큰 실수이다." 라고 말했습니다.

성공한 자들의 둘째 속담 – "출발은 기적이다"

성경에 강을 가른 이야기가 4번 나옵니다. 첫째로 강을 가른 사람은 모세였습니다. 둘째로 강을 가른 사람은 엘리야였습니다. 셋째로 강을 가른 사람은 엘리사요 넷째로 강을 가른 사람은 여호수아였습니다.

여호수아는 모세가 죽은 후 요단강가에서 "하나님, 어떻게 이스라엘 백성들을 젖과 꿀이 흐르는 땅으로 인도하리이까? 요단강을 어떻게 건너리이까?"하고 기도했습니다. 이때 하나님의 음성이 들렸습니다. "여호수아야, 요단강가에 이르거든 들어서라"(수 3:8). 응답받은 여호수아는 하나님의 말씀이 생각나서 강가에 가서 발을 들여놓았습니다. 들어서자마자 강이 갈라졌다. 모세와 엘리야와 엘리사는 강을 갈라놓고 들어간 사람이지만 여호수아는 강이 갈라질 줄로 믿고 들어갈 때 강이 갈라졌습니다. 출발은 기적입니다.

지그 지글러는 "당신 가운데는 숨쉬고 있는 기막힌 자기가 맥없이 잠들어 있다. 당신 가운데는 기막힌 발전소가 존재하고 있다. 그 크기는 온세계의 자를 가지고도 도저히 잴 수 없는 자기다. 귀와 귀 사이에 있는 생각은 위대하다. 그 가능성은 출발과 더불어 솔솔 풀려 나오는 것이다."라고 말했습니다.

폴 마이어도 "마음에 꿈틀거리는 운동을 행동화시켜 가속도를 지니게 만들라. 그러면 성공할 것이다."라고 말했습니다. 또 그는 출발을 기관차에 비유하였습니다. "최상급의 기관차라도 정지하고 있을 때에는 8개의 차바퀴 앞에 1인치 정도의 나뭇조각만 대놓아도 절대로 달릴 수가 없다. 그러나 같은 기관차가 시속 100마일의 속력으로 달릴 때는 두께 5피트의 철근 콘크리트벽도 뚫을 수가 있다. 행동하는 사람도 마찬가지이다. 일단 기막힌 전기를 일으키기만 하면 그 어떤 장애물일지라도 능히 뚫고 나갈 수가 있다. 출발이 문제이다. 인간의 가능성은 잠자고 있는 수가 많다. 행동의 엔진을 걸라. 그리고 출발하라"라고 담대하게 말했습니다.

다음 이야기는 막 퇴직하려고 하는 깐깐한 늙은 은행총재에 대한 이야기입니다. 이사회에서는 이 늙은 은행총재 대신 나이 지긋한 많은 사람들을 제치고 급격히 성장하고 있는 한 젊은 중역을 그의 후임으로 뽑았습니다. 어느 날 아침 그 젊은 장래의 총재는 몇마디 충고를 얻고자 그의 선임자와 만나 이렇게 물었다.

"아담스씨, 당신도 알다시피 저는 이 직업에 대해 당신이 가지신 자격보다 크게 부족합니다. 당신은 이 은행의 총재로서 매우 성공적이었습니다. 혹시 총재님께서 일하면서 성공의 열쇠라고 믿으시는 통찰력이나 노하우를 얻을 수 있을까 해서 찾아왔습니다." 총재 아담스는 덥수룩한 눈썹 밑으로 눈길을 고정시키고 이렇게 대답했습니다. "젊은이, 딱 두 단어이지. 홀륭한 결정! 그것이 홀륭한 총재야." 라고 말했다. 그때 젊은 총재는 대답했습니다. "대단히 감사합니다. 총재님, 하지만 어떻게 훌륭한 결정을 내리죠?"

그 젊은이는 물었습니다.

"한마디로 경험이지!"

"하지만 어떻게 경험을 얻을 수 있나요?"

"두 마디로 젊은이 나쁜 결정에서 얻지." 라고 총재
는 대답했습니다.

이제 결단을 내리고 출발하십시오. 당신은 성공의
길로 갈 능력이 흘러 넘치고 있습니다.

여기 기도의 사람 딘 알폰지가 한 말을 들어봅시다.
"나는 평범한 사람이 되기를 원치 않는다. 할 수 있는
한 남다르게 되고자 하는 것은 내 권리이다. 나는 안
정보다 기회를 찾는다. 안이하고 무덤덤한, 생각없고
보잘것없는 시민이 되기를 원치 않는다. 나는 계획성
있는 모험을 하기 원한다. 나는 안락한 생활보다는 도
전적인 생활을 더 좋아한다. 또 평범한 유토피아의 생
활보다는 계획을 성취할 때의 쾌감을 누리기를 더 좋
아한다." 라고 담대하게 말했습니다.

지그 저글러는 "1942년에 출생하여 1964년에 죽었

다가 1975년 매장되었다." 라고 비석에 적어야 할 사람이 많다고 말했습니다. 행동을 중단한 날, 그때는 죽은 날입니다. 완전히 육체가 죽는 날, 그날은 죽은 날입니다. 완전히 육체가 죽는 날, 그 날은 매장되는 날입니다. 행동을 무시하는 사람은 고정관념의 소유자이기가 쉽습니다. 할까 말까 하는 반쪽의 마음이니 어떤 것을 하리라 하는 예정의 사람이 되지 말고 할까 말까 하는 행동의 후보자가 되지 말며 행동자가 되십시오.

지그 저글러는 행동하는 사람 2%가 행동하지 않는 사람 98%를 지배한다고 말했습니다. 폴 마이어는 행동하는 사람 3%가 행동하지 않는 97%를 지배하고 있다고 말했습니다. 자, 이제 당신이 가지고 있는 위대한 가능성을 알았고 또 목표도 분명히 정하였으면 출발하십시오. 성공자들은 다음과 같은 여섯 가지의 출발 원리를 가지고 있었습니다.

제1원리 오늘 출발하라

"언젠가는 할 것이다."라고 믿는 사람은 성공할 수 없습니다. 미루는 버릇, 연기하는 습관이 생기면 출발이 어렵게 되고 출발이 어려우면 성공의 골인은 더 어렵게 됩니다. 오늘 출발해야 합니다.

히말라야 산속에 가면 야맹조라는 새가 있습니다. 낮이면 신나게 즐기다 밤이면 잘 둥지가 없어서 다른 새의 둥지에 가서 거하며 밤새 구박을 받습니다. 그는 서러운 눈물을 하염없이 흘리며 "내일이면 집 지으리" 하고 구슬프게 노래합니다고 합니다. 그러나 야맹조는 자기의 죽을 때까지 집을 짓지 못한다고 합니다.

오늘 출발은 성공입니다.

악마와 그의 졸개들이 신도들의 신앙생활 방해공작을 위한 전략회를 열었습니다. 젊은 엘리트 출신의 악마가 크리스천을 죽이자라고 의견을 내놓자 늙은 마귀가 순교는 교회의 씨가 된다고 경고했습니다. 때리면 매 한 대에 예수가 열도 더 생긴다고 경고했습니다. 가두자는 제안도 있었습니다. 가두면 열심히 기도하여 성령의 역사를 크게 일으키므로 손해라고 했습니다. 그보다 더 좋은 전략을 모색하자고 했습니다. 가장 나이 많은 마귀가 지혜를 짜냈습니다. "열심히 전도도 하고 기도도 하고 사랑도 하게 하자. 그러나 내일부터 하자"고 속삭이는 전략이었습니다. 이 전략이 마귀의 최대 성공 전략이었습니다.

결단의 시기는 언제나 "지금, 여기에서부터!"입니다.

덴마크의 위대한 철학자 조랜 킬케골은 겨울에 찬바람을 피하기 위하여 남으로 가던 철새떼에 대한 이야기를 한 적이 있습니다. 첫날밤, 어느 농부의 밭에서 날개를 접은 철새들은 옥수수를 마음껏 먹었습니다. 다음날 아침, 한 마리의 철새만 남고 모두 날아갔습니다. 방심한 그 철새는 이렇게 말했습니다. "옥수수는 정말 맛이 좋아. 하루만 더 쉬었다 가야지." 다음날 아침에도 하루만 더 쉬었다가 가겠다고 결심했습니다.

다음날도 역시 하루만 더 맛있는 옥수수를 먹고 가겠다고 생각하며 머물렀습니다. 곧 그는 버릇을 가지게 되었습니다. 그는 이렇게 말했습니다. "내일 나는 남으로 날아갈 것이다." 그러나 치명적인 날이 찾아왔습니다. 겨울바람이 너무나 매서가웠기 때문에 더 이상 머물렀다가는 동사할 것만 같았습니다. 그래서 그는 그의 날개를 쭉 펴고 있는 힘을 다해서 하늘을 날아보았습니다. 그러나 그동안 살이 쪄 뚱뚱해졌기 때문에 날아갈 수가 없었습니다. 그는 너무 오래 머물렀던 것입니다. 그는 결국 눈에 묻혀 죽고 말았습니다. 내일 하겠다고 하는 사람은 그러다가 일생이 다 가버리고 맙니다. 지금 출발해야 합니다. 오늘 출발해야 합니다.

영국의 사학자인 토마스 카알라일은 프랑스 혁명에 관한 수천 페이지의 원고를 이웃에 사는 존 스튜어트 밀에게 읽어보라고 주었습니다. 그런데 밀의 하녀가 그 원고를 불쏘시개로 써버렸다는 말을 듣고 거의 제정신이 아니었습니다. 2년 동안의 수고가 수포로 돌아가는 순간이었습니다. 그는 다시 쓸 용기가 나지 않았지만 한 석공이 거대한 집을 짓기 위해 벽돌을 한 장 한 장 쌓는 것을 보고 용기를 얻고 '나는 오늘 꼭 한 페이지를 쓸 것이다. 그때도 한 페이지부터 쓰지 않았던가?'라고 결심했습니다. 그리고 즉시 다시 한 페이지부터 시작했습니다. 오늘 출발했습니다. 그리고 그는 그 결과 더 좋은 작품을 완성할 수가 있었습니다.

미국의 홈런왕 베이브루스는 714개의 홈런을 쳤습니다. 성공의 비결을 묻는 사람들에게 "나는 해야 한다는 것을 해본 것이다. 항상 해본다. 그리고 지금 친다." 이렇게 그는 성공의 비결을 말했습니다.

처음 생각은 하나님의 생각이요, 두 번째 생각은 내 생각이고, 세 번째 생각은 마귀의 생각이라고 어떤 사람은 말했습니다. 그러므로 처음 생각으로 과감하게 오늘 출발하십시오.

제2원리 작은 것에서부터 출발하라

성공적인 목표설정이 끝나면 출발합니다. 출발은 작은 것에서 큰 것으로, 쉬운 것에서 어려운 것으로 나아가야 합니다.

나이아가라폭포 위에 가보니 거기에 미국에서부터 캐나다까지 구름다리가 놓여져 있었습니다. 그 구름다리가 놓여진 유래를 보니까 처음에는 이쪽에서 저쪽까지 솔개에다 실을 매달아 날렸다고 합니다. 그런 다음 실 끝에다 코일을 매달아 잡아당겼습니다. 철사가 연결되었습니다. 철사 끝에 로프를 매달아 잡아당겼습니다. 로프가 연결되었습니다. 로프 끝에 굵은 쇠밧줄을 연결했습니다. 그 쇠밧줄 위에 사람이 올라가서 오늘날의 구름다리를 완성했습니다. 그 위대한 구름다리도 작은 실로부터 시작되었습니다. 작은 것부터 시작하십시오.

월터 부케는 다음과 같은 놀라운 지식을 알려주었습니다. "수년 전 내가 항공학을 공부했을 때는 음속의 장벽을 깨뜨릴 만한 비행기는 제작될 수 없다고 배웠다. 그 비행기는 바람에 결코 요동치 않을 만큼 크고 육중한 것이어야 하기 때문이다. 또 음속을 능가하는 어떠한 물체도 산산조각이 나게 될 것이기 때문이다." 그러나 그는 그 불가능에 도전하였습니다. 만약 문제해결을 위해 노력하고 모든 일을 가능하다고 믿는 월터 부케와 같은 사람이 없었다면 우리는 여전히 음속 이하의 시대에 살게 되었을 것입니다.

누군가 부케에게 "어떻게 당신은 그렇게 많은 복잡한 문제들을 해결하였소?" 라고 물었습니다. 그는 "당신도 이용할 수 있는 보편적인 원리를 내포하고 있습니다. 어떠한 문제가 제아무리 크다 할지라도 가장 적은 조각으로 쪼개어서 그것을 하나 하나 해결하십시오. 당신이 해결한 그 조그마한 조각들을 수수께끼처럼 서로 뜯어 맞출 수 있을 때까지 말입니다." 라고 했습니다. 작은 것부터 출발하여 그는 성공하였습니다.

독일의 철혈 재상 비스마르크는 청년기의 어느 날 외근할 때, 같은 동료들과 둘러앉아 이야기를 나누고 있었다. 돌아가며 장래 포부를 이야기하기로 하였습니다. 모두 총리대신, 장관 등의 거창한 꿈들을 펼쳐놓았습니다. 드디어 비스마르크의 차례가 되었습니다.

"이 다음에는 무엇이 되든 당장은 순사부장부터 되겠소. 난 내 꿈을 현실에서부터 출발하겠소."라고 비스마르크는 말했습니다. 후에 그는 재상이 되어서 세계를 뒤흔들었습니다. 그러나 그는 작은 것부터 출발하였던 것입니다.

존 D.록펠러도 수십만 달러를 헌금하기 전 그가 바친 십일조는 불과 50센트였다고 합니다.

옛날 중국에 황우산이 있었습니다. 황우산은 둘레가 700리나 되는 큰 산이었습니다. 그 산 북쪽에 바보라고 불리는 90세 된 노인이 살고 있었습니다. 노인은 황우산을 깎아 평지로 만들기로 작정하였습니다. 아들과 손자가 협조하여 산을 깎기 시작하였습니다. 손수레로 한번 흙을 나르는데 해안까지는 수개월이나 걸렸습니다. 동네 사람들이 하도 어이가 없어서 "노인이여, 어찌하려고 그러십니까?"라고 물었습니다. 노인은 대답하기를 "땅은 후손이 없지만 나는 후손이 있습니다. 내 후손의 목표는 이 산을 깎는 것입니다." 라고 말했습니다. 드디어 오늘날 수개월에 한 수레씩 흙을 파내던 그 산은 없어져 버리고 말았습니다.

캔서스 시에서 한 젊은이가 자기가 그린 만화를 팔아보려고 여러 신문사를 찾아다녔습니다. 편집자들은 예외없이 냉담한 표정을 지으면서 "당신은 재능이 없습니다. 단념하십시오." 라고 말했습니다.

그러나 그는 꿈을 버리지 않았습니다. 차디찬 거절에도 불구하고 강렬한 목표가 있었기 때문에 이곳 저곳을 찾아다니다가 마침 어떤 목사님으로부터 교회행사를 알리는 광고표지에 넣을 그림을 그리는 별로 수입이 없는 일을 맡게 되었습니다. 예술가에게는 스튜디오가 필요했습니다.

그래서 그는 교회에서 잠을 잘 수 있고 그림도 그릴 수 있는 쥐가 우글거리는 낡은 창고가 있음을 알고 그곳을 사용하게 허락을 받았습니다. 그가 어느날 밤 그림을 그리기 시작했었을 때였습니다. 생쥐가 나와서 그의 옆에 있었습니다. 그는 생쥐에게 그림 그리던 손을 멈추고 빵 조각을 주었습니다. 그후 생쥐와 친해졌습니다. 이제 생쥐는 디즈니랜드를 만든 월트 디즈니를 피해 다니지 않았습니다.

그는 그 생쥐를 그려보고 싶은 마음이 생겼습니다. 그 생쥐가 바로 애니메이션 〈톰과 제리〉에 등장하는 제리입니다. 결국 월트 디즈니는 생쥐와 함께 유명한 사람이 되어서 후에는 디즈니랜드를 설립하게 되었으며 전 세계적으로 크게 성공한 자가 되었습니다.

데모테네스는 "작은 찬스는 대사업의 시작일 때가 있다."고 했습니다. 작은 것에서부터 출발하십시오.

제3원리 있는 것을 가지고 출발하라

모든 성공자들은 있는 것을 가지고 출발한 사람들입니다. 베드로와 요한은 금은 때문에 괴로워하지 않고 예수 그리스도로 앉은뱅이를 일으켰습니다. 모세도 가지고 있던 지팡이로 이스라엘을 영도했습니다. 사렙다 과부도 자신의 전부였던 한줌의 밀가루와 기름으로 축복을 받았습니다. 벳새다의 오병이어의 기적도 어린아이가 가지고 있는 것을 통하여 일어났습니다.

라파엘의 유명한 그림 〈모자상〉에는 다음과 같은 이야기가 전해 내려오고 있습니다.

황혼이 깃들어가고 있는 어느 날, 농부도 새도 집을 찾아 들어가는 전원 풍경이 펼쳐져 있었습니다. 그런데 돌지 않는 물레방앗간 문옆의 주렁주렁 달린 감나무 밑에 젊은 여성이 아이를 안고 신작로를 바라보고 있었습니다. 곧 돌아올 남편을 기다리고 있는 모습이었습니다. 라파엘은 환희에 넘쳤습니다. 그 모습이 그렇게 아름다울 수가 없었습니다. 그는 본능적으로 그림 그릴 종이를 찾았습니다. 그러나 갑자기 종이가 있을 리 없었습니다. 그는 길 위에 버려진 술통 뚜껑을 주웠는데 이 판자조차 비에 삭아서 검어져 있었습니다. 그는 거기에 감격적으로 그리기 시작했습니다. 이것이 유명한 〈모자상〉이라는 그림입니다. 악의없이 평화만 깃든 그림입니다. 그는 자신에게 있는 것을 사용하였습니다.

슈베르트가 가난한 음악가였다는 것은 다 아는 사실입니다. 31세로 요절할 때까지 방 한 칸 없었고 그토록 필요한 피아노 한 대 없는 불우한 음악가였습니다. 그는 친구의 집에서 기거하며 친구의 피아노로 연주하였습니다. 멜로디가 생각나면 "오, 오선지, 오선지가 없구나!" 할 때가 허다하였습니다. 어느 날 레스토랑에 앉아있던 그에게 영롱한 영감이 스쳐갔습니다. 그는 본능적으로 오선지를 찾고 있었습니다. 친구가 레스토랑 메뉴 카드 위에 오선지를 급하게 그려주었습니다. 이것이 그 유명한 아베마리아 세레나데입니다. 그는 있는 것을 가지고 출발하였습니다.

한때 52세의 남자가 노만 빈센트 필 박사에게 찾아왔습니다. 그는 극도의 실망에 허덕이고 있었습니다. 그는 필 박사를 보고는 "나의 모든 것은 끝장나고 말았습니다."라고 자포자기하며 말했습니다. "모든 것이요?" 필 박사가 물었습니다.

"예, 모든 것을 잃었습니다." 그는 모든 것을 강조하였습니다.

"사업에 실패하여 남은 것은 아무것도 없습니다. 모두 다 사라지고 말았습니다. 희망도 없고 재기하기에는 나이도 너무 많습니다. 신념도 잃고 말았습니다."

실망의 검은 그림자가 그의 마음을 사로잡고 있었고 얼굴은 혈색을 잃고 삐뚤어져 있었습니다.

"그래요?" 필 박사는 말하기 시작하였습니다.

"우리 한번 종이에다 당신에게 남아있는 가치있는 것들을 적어보도록 합시다."

"소용없을 것입니다." 하고 그는 길게 한숨을 내쉬었습니다.

"남은 것은 하나도 없습니다. 이게 말씀드린 그대로
입니다."

"그래도 어서 한번 해봅시다. 부인은 아직 계신지
요?"

"예, 물론이지요. 아주 훌륭합니다. 결혼해서 30년
이나 되었는데 아무리 내가 곤경에 빠져도 내 곁을 떠
난 일은 한 번도 없었습니다."

"좋습니다. 그것을 적어둡시다. 어린애들은 있습니
까?"

"예, 셋인데 여간 귀엽지 않습니다. 그들이 내게로
와서 '우린 아버지를 사랑해요. 아버지 편이에요.' 하
고 말하면 나는 그만 마음이 흔들리고 말지요."

"그럼 둘째는 아이들을 적도록 하지요. 그리고 친구
는 있습니까?"

"예, 정말 좋은 친구들이 몇 명 있지요. 그들은 내게
로 와서 늘 나를 돕고 싶다고 말하곤 했습니다. 그러
나 그들이 무슨 도움이 되겠어요? 아무 소용도 없습니
다."

"셋째로 친구들을 적고, 당신의 순결성은 어떤지요?"

"내 순결성은 조금도 더럽혀지지 않았습니다. 난 언제나 올바른 일만 하려고 애썼으므로 양심은 깨끗합니다."

"넷째는 순결성이라 적읍시다. 그런데 건강은 어떤가요?"

"건강은 썩 좋습니다. 아파서 누워있던 적은 거의 없었습니다."

"그럼 다섯째 건강을 적어둡시다. 미국에 대해서는 어떻게 생각하나요? 아직 일거리가 많고 기회의 왕국이라고 생각합니까?"

"그렇습니다. 내가 살고 싶은 나라는 미국뿐입니다."

"여섯째 당신은 기회의 왕국인 미국에 살고 있으며 또 여기서 살고 싶어합니다. 그럼 마지막으로 믿음은 어떠합니까?"

"있습니다."

"그럼 이제부터 당신에게 남은 재산을 한번 적어봅시다."

1. 훌륭한 부인 - 결혼생활 30년

2. 당신을 믿는 사랑하는 아이 3명

3. 도와줄 친구

4. 깨끗한 순결성

5. 썩 좋은 건강

6. 기회의 왕국 미국에서 살고 있다.

7. 믿음

필 박사님은 종이를 탁자 맞은편에 있는 그에게 내밀었습니다.

"이걸 보세요. 당신은 조금전에 모든 것을 다 잃었다고 말했지만 아직 이러한 재산을 갖고 있습니다."

그는 부끄러운 듯 빙그레 웃었습니다.

"전에는 그런 것에 통 생각이 미치지 않았군요. 어쩌면 내 사정이 생각하는 것 같이 나쁘지 않을지도 모르겠습니다." 하고 그는 곰곰이 생각하면서 말했습니다.

"아마 내 마음속에 있는 어떤 힘을 잡게 되면 다시 한번 새출발을 할 수 있을것만 같습니다." 그는 기쁨에 차서 나갔습니다. 그리고 새롭게 시작하였습니다.

모든 성공자는 있는 것을 가지고 출발합니다.

하롤드 아보트는 미주리 주 랩시 사우드 매디슨가 820번지에 살았던 사람이었습니다. 그는 "나는 걱정이 많은 사람이었다. 1934년 어느 봄날 랩시의 웨스트 도우헬티카를 거닐다가 걱정을 몽땅 추방하는 사건이 일어났다. 불과 10초 사이에 나는 10년간 배운 것보다 값진 것을 배웠다."고 고백을 했습니다.

그는 식품점을 경영하다 실패해서 7년 동안 빚을 갚아야 했습니다. 모든 것을 다 갚고 투쟁심도 신념도 없이 거리를 걷다가 두 다리 없는 사람이 롤러스케이트 바퀴가 달린 나무상자에 앉아있는 것을 보고 많은 것을 깨달았습니다. 그런데 그는 활짝 웃으며 "좋은 아침이죠?" 라고 인사까지 하는 것이었습니다. 그 때 하롤드 아보트는 용기를 얻었습니다. "나는 구두가 없는 것을 보고 실망을 하다가 두 다리가 없는 사람을 보고 감사를 느꼈다."고 그는 말했습니다.

"생각하라. 그리고 감사하라." 이 말은 크롬웰과 영국교회에 가장 많이 적혀져 있는 말이라고 합니다. 우리는 가지고 있는 것에 감사할 줄 알아야 합니다.

기브온에서 하나님께서 솔로몬에게 나타나셔서 "솔로몬아, 내가 네게 무엇을 줄까?" 할 때 솔로몬은 "하나님, 우리 아버지를 이스라엘의 왕으로 택하신 것을 감사하고 나같이 어린 것을 이스라엘의 왕으로 택하신 것을 감사합니다. 그런데 지혜가 부족하니 지혜를 주십시오."라고 했습니다. 솔로몬은 하나님께서 주신 것을 먼저 감사하고 없는 것을 달라고 말했습니다. 이것이 솔로몬의 법칙입니다.

우리는 우리에게 주어진 것이 무엇인지 먼저 감사하고 없는 것을 달라고 할 줄 알아야 되겠습니다.

어느 날 우리 집에 거지 할아버지 한 분이 왔습니다. 그래서 그에게 1000원의 돈을 주었습니다. 그랬더니 할아버지께서 "목사님 1000원 주신 것은 감사한데, 지금 배가 몹시 고프니 짜장면 한 그릇을 사먹을 수 있도록 1000원만 더 주십시오." 라고 말했습니다. 우선 준 것을 감사하고 더 달라고 할 때 꼼짝없이 더 주게 되었습니다. 솔로몬의 법칙을 알고 있는 거지였던 것입니다.

우리는 항상 하나님께서 내게 주신 것에 감사할 줄 알아야 합니다.

쇼펜하우엘은 "우리는 우리의 가진 것은 좀처럼 생각지 않고 늘 우리에게 부족한 것만을 생각한다."고 말했습니다. 그는 "이는 세계에서 가장 큰 비극이다. 이런 태도가 역사상의 모든 질병, 전쟁보다 큰 불행을 인류에게 안겨주고 있다."고 덧붙여 말했습니다.

사무엘 존슨은 "범사에 좋은 면을 보는 버릇은 1년에 1000파운드를 버는 것보다 더 가치 있다."고 말했습니다. 로렌 펄스올 스미스는 "인생의 목적은 두 가지가 있다. 하나는 얻는 것이고 다른 하나는 얻은 것을 엔조이하는 것이다. 오직 현자만이 엔조이할 줄 안다."고 말했습니다.

비눗물로 접시를 닦다가 생기는 거품 속에서도 무

지개를 보고, 눈이 내리는 중에도 날고 있는 참새를 보고 감격하여 하나님께 감사드리는 사람이 제일 좋은 사람입니다.

우리는 불행했던 왕 이야기를 알고 있습니다. 그는 멀지 않은 곳에 이 세상에서 가장 행복한 사람이 살고 있다는 소식을 들었습니다. 왕은 그 남자의 행복이 입고 있는 셔츠에 있다는 비밀도 알아내었습니다. 그래서 왕은 그 남자의 옷을 사오도록 사신을 보냈습니다. 사신은 행복한 그 남자의 집에 도착하였을 때 그의 기쁨과 웃음을 발견하고 왕의 분부대로 그 남자가 입고 있는 옷을 사겠노라고 말했습니다. 그 남자는 큰 소리로 웃으며 그의 몸에 걸치고 있던 낡고 초라한 가운을 벗었습니다. 놀랍게도 그는 셔츠를 입고 있지 않았습니다. 그는 낡은 겉옷 하나로 기쁘게 살던 사람이었습니다.

어떤 여인이 부산에서 일본까지 가는 배표를 샀습니다. 그 여인은 배삯이 너무 비싸다고 생각되어서 배 안에서 음식을 사먹지 않겠다는 생각으로 떡과 빵을 조금 가지고 갔습니다. 여행 중에 그녀는 떡과 빵으로 끼니를 때우며 지냈는데 마지막날 저녁 식사는 좀 따뜻하게 먹기로 결정을 하고 식사주문을 했을 때에 그때서야 배삯에 식사대가 포함되어 있는 것을 알았습니다.

당신은 가끔 하나님께서 풍성한 은혜를 주셨는데도 불구하고 금식을 하고 있는 사람처럼 행동하지는 않는가? 하나님께서 허락하신 평화의 항구로 여행하고 싶지 않은가? 삯이 얼마냐고? 무료입니다. 당신이 살고 있는 인생속에 모든 것이 다 포함되어 있습니다. 하나님께서 당신에게 주신 것을 계산해 보십시오. 그리고 출발하십시오.

남부지방 어느 마을에 어떤 여인이 목사님께 찾아와서 궁핍한 그녀의 사정을 이야기했습니다. 그녀에게는 아들이 하나 있는데 편지만 보냈을 뿐 돈은 보내지 않았다고 설명하였습니다. "그 애가 제게 보낸 것은 편지지하고 예쁜 그림 몇 장뿐이었습니다." 목사님은 "그 그림을 보여주시겠어요?" 하고 부탁했습니다.

"성경책 사이에 넣어두었어요." 하고 하며 성경책 사이에서 그 편지와 그림을 꺼냈습니다. 그러나 그것은 그림이 아니라 엄청난 돈, 수표였던 것입니다. 그녀는 돈을 가지고 있었는데도 불구하고 거지처럼 살았던 것입니다.

무한한 부를 하나님께서 주셨는데 우리는 그것을 모르고 있습니다.

자, 이제 당신의 주위를 둘러보십시오. 하나님께서 너무 많은 것을 주셨습니다. 주신 것을 가지고 출발하십시오. 성공은 분명히 당신의 것입니다.

제4원리 실패하면 또 출발하라

성공자들의 공통점은 성공하기 전에 반드시 실패의 경험을 가졌던 자들이었습니다. 실패의 과정 없이 성공에 직접 골인한 사람은 세상에 단 한 사람도 없었습니다. 그러므로 지금 실패한 사람은 성공의 문턱에 와 있음을 알아야 합니다. 겨울이 가까우면 봄도 가까운 것처럼 말입니다.

폴 마이어는 성공의 패스포드를 가지는 법을 다음과 같이 두 가지로 말하고 있습니다.

1. 성공은 마음가짐의 산물

역경에 처하더라고 절대로 굴하지 않으며, 또 악조건 하에서도 남의 의견에 좌우되지 말고 강한 의지로 적극적으로 인생을 대면하십시오.

2. 성공은 습관의 산물

남이 안하는 것, 굳이 색다른 일을 하는 것이 성공

이 아닙니다. 평소에 해야 하는 지극히 당연한 일을 남보다 솜씨있게 효과적으로 하는 것이 성공입니다.

스위스에 〈세상의 끝〉이라고 불리는 한 마을이 있다고 합니다. 그런데 이 마을은 높은 산으로 둘러싸여 있고 산으로 가는 길에는 바위로 된 절벽이 서 있습니다. 그래서 이곳에 온 사람은 산 위에 더 이상 오를 수 없다고 느낍니다. 그러나 그 마의 절벽의 한편에는 약간 떨어져서 산에 오르는 좁은 한 길이 있습니다. 애써 노력하면 그 길은 어렵지 않게 찾을 수 있고 그 길을 산에 오를 수가 있습니다.

때로 우리 모두는 "세상의 끝"인 것같이 보이는 곳에 이르기도 합니다. 그러나 조금만 노력하면 됩니다. 10번 찍으면 넘어지는 나무를 9번 찍고 안 넘어간다고 포기하는 사람은 아깝게 실패한 사람입니다.

패트류스키는 수년 동안 매일 몇 시간씩 손가락 연습을 했습니다. 그 결과 음악계에서는 그의 노련한 음악적 매력에 매혹되고 있습니다.

에디슨은 전기의 필라멘트를 성공시키기 전에 수만

번의 실험을 했습니다.

메튜헨리는 그의 〈주석〉을 만들어내는데 40년 동안 매일 공부를 했습니다.

세잔느도 일생 동안 사과 그림을 그리고 나서 "말년에 가서야 비로소 사과 그림을 제대로 그릴 수 있게 되었다."고 고백하였습니다. 미국의 천재 화가 세잔느도 사과에 대한 미적 의식을 말년에 가서야 발견한 것입니다.

콤모르도 빈더빌트는 대부분 모든 사람들이 은퇴하는 나이인 70이 넘었을 때 철도회사를 설립해서 엄청난 돈을 벌었습니다.

타티안은 98세에 그의 거작 〈르판트의 전쟁〉을 그리고, 99세에 〈마지막 만찬〉을 그렸습니다.

미켈란젤로는 80이 넘어서 그의 대표작을 만들어냈습니다.

이렇듯 노년에 많은 공헌을 한 사람들 가운데 윈스턴 처칠과 맥아더 장군을 들 수 있습니다.

미국에 있는 어느 총기 공장에서 특이한 실험을 했

습니다. 무게가 4kg 이하인 콜크마개를 큰 실에 묶어 무거운 쇠막대기와 함께 철봉대에 나란히 걸어 쇠막 대기를 치게 만들었습니다. 콜크마개가 쇠막대기를 치기 시작했지만 쇠막대기는 움직이지 않았습니다. 몇분이 흘렀습니다. 2분… 5분… 10분… 반시간이 흘 렀습니다. 그 다음 순간 쇠막대기는 떨리기 시작했고 잠시 후 그것은 더 진동이 심해졌습니다. 콜크마개는 계속 꾸준히 쇠막대기를 공격했습니다. 쇠막대기는 콜크마개의 영향력을 받다 조금씩 동요된다는 사실을 알게 되었습니다. 그 다음 반시간 내에 콜크마개의 임 무가 끝난 후 그것을 철봉대에서 끊어버렸습니다. 무 거운 쇠막대기가 콜크마개의 타격 때문에 시계추처럼 규칙적으로 움직이게 되었습니다.

계속적인 노력은 꼭 성공하게 되어 있습니다. 실패 하면 또 출발하십시오.

R. U. 다비와 그의 삼촌에 대한 이야기는 너무도 유 명합니다. 그들은 골드러시 황금률 시절에 일확천금 의 꿈을 안고 서부로 갔습니다. 그는 말뚝을 박고 삽

과 곡괭이로만 작업을 시작했습니다. 몇주 후 드디어 광맥을 찾아냈습니다. 그는 조용히 광맥을 덮어두고 그의 집 메릴랜드 주 윌리엄 버그로 돌아와서 친척과 이웃에게 금광이 발견된 것을 알리고 모든 재산을 팔아 애리조나 주로 갈 것을 권했습니다. 그들은 모두 기뻐하며 자기들의 재산을 모두 팔아 금광 채굴기를 사 가지고 1주일 후에 애리조나 주로 왔습니다. 그들은 금광을 파내려 갔습니다. 양질의 금이 채굴되었습니다. 그들은 무지개빛 영롱한 꿈을 안고 계속 파내려 갔습니다. 그 결과 애리조나 주에서도 가장 우수한 양질의 금이 채굴되었습니다.

그러나 얼마 후에 이변이 일어났습니다. 광맥이 갑자기 사라진 것입니다. 무지개 꿈은 무산되고 말았습니다. 사람들은 계속 파보았지만 광맥은 찾을 수가 없었습니다. 모든 것이 수포로 돌아갔습니다. 그들은 모든 기계 장비를 불과 수백불에 고물상에 팔아버리고 고향으로 돌아오고 말았습니다. 한편 고물상 주인은 광산기사를 데려다가 대강 계산하며 재조사를 하여보니 광주들이 단층선에 대한 지식이 없었다는 것을 알았습니다. 고물상 주인은 계속 파기 시작했습니다. 이때 기적과 같은 일이 일어났다. R. U. 다비가 곡괭이를 내던진 바로 그 자리에서 3피트를 팠을 때 노다지 금광이 발견되었습니다. 그래서 그는 수백만불을 벌었습니다. 이 소식을 들은 R. U. 다비는 "NO 할 때 ON 하시오."(그만두어야 할 때가 시작할 때이다.)라는 유명한 말을 남겼습니다.

R. U. 다비는 생명보험 회사에 세일즈맨으로 입사하여 이 말을 늘 기억하며 찰거머리 같은 끈기를 가지고 일한 결과 연간 100만불 이상 버는 미국 제일의 세일즈맨이 되었습니다.

나폴레옹 힐이 미국이 배출한 성공한 인사 500명을 조사한 결과 그들의 위대한 성공은 "패배가 자기들을 엄습한 바로 그 자리에서 한발짝 너머에서 왔다."고 고백했다는 것입니다.

그만두어야 할 때가 시작할 때입니다. 실패했을 때가 다시 시작해야 할 때입니다.

노만 V. 필 목사님은 멀스 시모르케라는 논문에서 "NO라는 말은 실패, 패배, 연기를 의미하고 ON이라는 말은 끈기와 성공을 의미한다."고 했습니다.

세일즈의 귀신 엘머레터맨은 "판매는 거절당한 때부터 시작한다."고 했습니다.

20세기 초엽에 만체스터 가디언의 기고가였던 윌리엄 보리소는 "인생에 있어서 가장 중요한 것은 수입을 늘리는 것만이 아니다. 제아무리 바보라 하더라도 그것은 가능하다. 정말로 소중한 것은 실패에서 이익을 얻어내는 것이다." 라고 말했습니다.

로버트 서비스는 "만사가 절망적으로 보이고 심신의 상처가 아무리 깊다고 해도 한번 더 시도하라."고 말했습니다.

괴테는 "끈기를 실천하는 자는 드물지만 언제나 자신의 사명은 완수한다. 왜냐하면 끈기의 향기는 날로 새롭기 때문이다." 라고 했습니다.

수영선수가 되기 전에는 절대로 물에 들어가지 않겠다는 사람은 얼마나 어리석은 사람인가? 성공하기 전에 절대로 실패하지 않겠다는 사람도 마찬가지로 어리석은 사람입니다.

조지 워싱턴은 아홉 번의 전쟁을 치렀는데 여섯 번 실패를 하였습니다. 그러나 그는 패배를 한다음 다시 일어나 계속 전쟁을 하였기 때문에 승리하였습니다.

양과 돼지의 차이는 이렇습니다. 양은 진창에 빠지면 빠져 나오려고 발버둥을 친다. 그러나 돼지는 거기에 드러누워 뒹굽니다.

성공자는 실패에서 빠져 나옵니다. 실패자는 실패 속에서 빠져나오지 못한 사람입니다.

링컨의 전기를 간단하게 정리하면 다음과 같습니다.

① 1831년 사업에 실패
② 1932년 주 의회 의원에 낙선
③ 1933년 사업에 실패하여 17년간 그 빚을 청산
④ 1934년 주 의회 의원에 당선
⑤ 1836년 신경쇠약 환자가 됨

⑥ 1838년 하원 의장에 낙선

⑦ 1840년 유권자에 낙선

⑧ 1843년 국회의원에 낙선

⑨ 1846년 국회의원에 낙선

⑩ 1848년 국회의원에 낙선

⑪ 1855년 상원의원에 낙선

⑫ 1856년 부통령에 낙선

⑬ 1860년 대통령에 당선

실패했을 때가 시작할 때입니다. NO 할 때가 ON 할 때입니다. 그만두고 싶을 때가 시작해야만 할 때이다.

로버트 사비즈는 이런 시를 썼습니다.

부지런히 일하라.

그것이 너에게 승리를 갖고 오게 할 것이다.

수고하라, 옛 친구여

용기를 내게

그만두는 것은 얼마나 쉬운 일인가?

어려운 것은 다시 하는 것이다.

쓰러져 우는 것은 쉬운 일이다.

그러나 희망의 불이 꺼졌을 때 싸우고 싸워서 이겨라.

그래야만 열매도 큰 것이다.

모든 것이 부서지고 패배해서 상처받고, 벼랑끝 같은 일을 겪을지라도 한번 더 시도하라.

죽는 길은 아주 간단하다.

제5원리 목숨을 걸고 출발하라

목표를 달성시키기 위해서는 전력투구하여야 합니다. 세상에 공짜는 없습니다. 심는 대로 거두는 법칙이 성공세계를 지배하기 때문에 목숨을 걸고 출발하십시오. 그들에게는 무서울 것이 없습니다.

코르테즈 장군이 1519년 멕시코 정복의 꿈을 안고 11척의 배를 700명의 군사와 함께 멕시코의 베라크르즈에 상륙시켰습니다. 코르테즈 장군은 부하들이 보는 앞에서 타고 온 11척의 배를 모조리 불살라 버렸습니다. "우리는 돌아갈 길이 없다. 후퇴할 길이 없다. 실패하면 우리는 죽게 된다"고 생각하고 악착같이 목숨을 내걸고 생명을 돌보지 아니하고 전투에 임하였습니다. 그래서 멕시코 내륙정복에 승리를 거두게 되었던 것입니다. 목숨을 걸고 출발한 자에게는 무서울 것이 없습니다.

헨델(George Fredrich Handel)의 유명한 이야기가 있습니다. 그는 오른손에 중풍이 걸려 걸을 수도 작곡을 할 수도 없게 되었다. 그러나 온천에서 요양을 한 후 기적적으로 건강을 회복한 그는 작곡을 다시 시작할 수 있었습니다. 4편의 오페라를 썼습니다. 그러나 두 번째 불행이 그를 엄습했습니다. 오랫동안 그를 후원했던 후원자 캐롤라인이 사망한 것입니다. 수입이 줄어들었습니다.

빚더미 위에 선 그는 쓸쓸한 런던거리를 거닐다가 희미하게 보이는 교회 앞에 멈추어 섰습니다. 차디찬 바람을 피해 조용한 방으로 들어갔습니다. 그 방 테이블 위에서 삼류급 시인 찰스 제닌스(Jenneus)가 쓴 오라토리오를 뒤적이고 있었습니다. 거기에는 "나는 나의 구주가 살아 계신다는 것을 확실히 안다. 기뻐하라 할렐루야!"라는 말이 쓰여져 있었습니다.

이 말에 놀라운 멜로디가 떠오르는 것을 그는 느꼈습니다. 집으로 돌아와서 작곡을 하기 시작했습니다. 하인이 아침식사를 가지고 왔습니다. 그러나 계속해서 헨델은 작곡만 하였습니다. 하인이 점심식사를 가지고 와서 보니까 헨델이 아침식사도 하지 않은 채 그

대로 작곡만 계속하고 있었던 것입니다. 헨델은 식사도 잊은 채 작곡에 몰두하였습니다. 가끔 의자 위에서 목운동만을 했을 뿐입니다. 마침내 클라이맥스 〈할렐루야 코러스〉를 끝내고 그는 하염없이 감격의 눈물만 흘렸습니다.

그는 하인을 향하여 "나는 하나님을 만났네."라고 말했습니다. 23일간 먹지도 않고 자지도 않고 목숨을 걸고 작곡을 한 것입니다. 그리고 나서 그는 지쳐서 침대에 쓰러져 죽은 사람처럼 잠을 자기 시작했습니다. 그는 17시간이나 계속해서 잤습니다. 그의 책상 위에는 가장 위대한 〈오라토리오-메시아〉가 놓여져 있었다.

헨델이 깨어나지 않으니까 걱정하던 하인이 의사를 불러왔습니다. 의사가 도착했을 때에 "식사를 가져오라! 배가 고프다."고 헨델이 소리를 질렀습니다.

1742년 4월 13일, 드디어 메시아의 첫 공연이 시작되었습니다. 굉장한 군중들이 몰려왔습니다. 〈할렐루야 코러스〉 때는 모두가 다 일어나서 들었습니다. 이

사건은 전통이 되었습니다. 1743년 4월 6일 저녁 74세의 헨델은 메시아 공연을 보러 갔다가 졸도하여 작곡한 지 꼭 1년 되는 날, 금요일 부활절날 세상을 떠났습니다. 그는 실패에도 불구하고 목숨을 걸고 일했던 음악가였습니다. 성공은 그의 것이었다.

목숨을 걸고 출발하십시오. 그 대가는 반드시 성공으로 받게될 것입니다.

제6원리 결과는 하나님께 맡기고 출발하라

78년 전에는 사과가 한국에 없었습니다. 그러나 스코틀랜드 장로교 선교사가 한국에 올 때 사과씨 하나를 가지고 왔습니다. 그리고 그것을 전영찬 씨에게 주었습니다. 전영찬 씨는 사과씨를 대구 지역의 한 곳에 심었습니다. 그리고 첫 사과가 생산되었을 때 그는 다시 그것을 도처에 심었습니다. 오늘날 이 사과는 한국에서 제일가는 과일이 되었습니다.

대구에 와서 이 이야기를 들은 로버트 슐러 목사님께서는 다음과 같은 위대한 말을 하나 남기고 고국으로 돌아갔습니다.

"바보도 사과 속의 사과씨들을 헤아릴 수 있습니다. 그러나 오직 하나님만이 씨 속의 사과를 헤아릴 수 있습니다."

미국 어느 선교사가 일본에 가서 선교활동을 시작하였습니다. 그는 40년간 죽도록 일하였지만 겨우 한 명을 전도하여 세례를 주었을 뿐이었습니다. 모두가 실패자라고 비웃었다. 자기도 자기를 실패자라고 못 박았습니다. 세례를 준 단 한명도 자기가 데리고 있던 일본 현지인 식모였기 때문입니다. 그러나 그가 임무를 마치고 돌아갔을 때 놀랍게도 그 식모의 아들은 일본 신학교장이 되어 수많은 목회자를 길러내고 있었습니다.

바보도 사과 속의 씨들을 헤아릴 수 있습니다. 그러나 오직 하나님만이 씨 속의 사과를 헤아릴 수가 있습니다.

농부가 씨앗을 심을 때는 다음 5가지의 위험이 있습니다.

첫째, 그들 중 일부는 부패할 수 있다.

둘째, 만일 비가 알맞게 내리지 않으면 싹이 나지 않을 것이다.

셋째, 그들 중 일부가 싹을 낸다고 해도 잡초 때문에 질식할 수도 있다.

넷째, 그들 중 일부가 크게 자란다고 해도 곤충이

먹어버릴 수도 있을 것이다.

다섯째, 그들 중 일부가 탈없이 자란다고 해도 아물기 전에 기후변화가 생기면 흉작을 면치 못할 것이다.

그러나 농부는 잘 자랄 것이라는 한 가지 가능성만을 믿고 씨를 심습니다.

농부는 드디어 가을에 열매를 거두게 될 것입니다.

결과는 모두 하나님께 맡기고 출발하십시오.

어느 날 콜럼버스는 포르투갈의 해변을 거닐다가 유럽에서 볼 수 없는 열매를 발견하였습니다. 그는 바다 건너편에는 틀림없이 새로운 세계가 있으리라고 생각했습니다. 그래서 바다 끝까지 가보기로 작정하고 출발하였습니다. 그리하여 그는 그 열매의 원산지인 신대륙 미국을 발견하게 되었습니다.

우리 교회 교우댁에 심방을 갔을 때 그의 책상에 다음과 같은 말이 쓰여져 있는 것을 보고 깊은 감명을 받은 적이 있습니다.

저 푸른 하늘처럼

그지없이 높고 맑은 마음으로

이 어지러운 세상을 초연하게 살아가자.

놀 틈도 쉴 틈도 요행도 없다.

이마에 땀을 흘리자.

보답은 하나님께 맡기자.

그렇습니다. 보답은 하나님께 맡기십시오. 하나님
은 많은 결실을 맺게 하여 주실 것입니다.

제3장

목표를
명확하게
세워라

목표를
명확하게 세워라

역사상 뛰어난 업적을 남긴 지도자들은 모두 자신의 주요 목표가 무엇인지를 명확하게 결정한 뒤, 자신의 능력을 집중시킴으로써 놀라운 리더십을 얻을 수 있었습니다.

그러나 실패자로 분류된 사람들은 그런 목표도 없이, 마치 키 없는 선박처럼 빙빙 방황하다가 원래 출발지로 돌아왔습니다.

이러한 실패자들 중 몇몇은 명확한 주요 목표를 갖

고 출발은 하지만 일시적인 패배나 격렬한 저항에 부딪혀 그 목표를 포기해 버렸습니다.

그들은 수학 공식처럼 명명백백한 성공철학이 존재한다는 것을 알지 못했으며, 일시적인 패배를 당했을 때, 그것이 행복의 전조로서 어려운 통과의례일 뿐이라는 걸 전혀 예상치 못하고 포기와 중단을 반복했습니다.

100명중 98명이 평생 동안 단 한 번도 명확한 목표의 중요성을 깨닫지 못하고 죽는다는 것은 문명사회가 지닌 커다란 비극 중의 하나입니다.

강철왕 카네기는 관례적으로 승진을 바라는 직원들에게 독특한 테스트를 실시했습니다.

그는 먼저 얼마나 많은 일을 무보수로 감당할 수 있는지를 알아보았다. 그 다음 그들의 마음이 명확한 목표를 향해 단단히 고정되어 있고, 그 목표를 달성하기 위해 필요한 준비가 제대로 갖추어져 있는지 알아보았다.

찰스 슈왑은 이렇게 말했습니다.

"내가 카네기 씨에게 승진을 요구하자. 그는 씩 웃더니 자네 마음이 원하는 목표에 집중하고 있다면, 그걸 얻지 못하도록 내가 막을 방법이 있겠나? 라고 말했소."

슈왑은 그때 카네기가 무엇을 원하는지 깨달았다. 그것은 카네기의 회사에서 가장 높은 지위에 오르는 것이었습니다. 그리고 카네기는 슈왑이 그렇게 되도록 도와주었습니다.

이처럼 명확한 목표를 갖고 살아가는 사람들에게 발견되는 공통점 중의 하나는 사람들에게 기꺼이 베푸는 마음, 특히 상대방이 추구하는 목표를 달성하는 데 선뜻 기회를 줄 수 있다는 점입니다.

1. 명확한 목표의 힘을 유도해내는 7가지 조건

이제 명확한 목표의 힘과 그 힘을 유도해내는 심리학적 원리에 대해 자세히 알아보도록 합시다.

1) 첫 번째 조건

명확한 목표를 세우고, 그것을 달성하기 위해 명확한 계획을 세웁니다.

2) 두 번째 조건

성공은 동기와 동기들이 결합한 결과입니다. 인간의 자발적인 행동을 유도하는 동기에는 모두 9가지가 있습니다(이 동기들에 대해서는 1장에 설명한바 있습니다).

3) 세 번째 조건

간절한 열망, 계획 또는 목표는 생각의 반복을 통해 마음속에 자리잡고, 그것을 실현하고 싶은 열망으로 발전되며, 잠재의식에 새겨집니다. 그리하여 어떤 자연스러운 계기를 통해 논리적인 클라이맥스를 맞이하고 성취단계로 접어들게 됩니다.

4) 네 번째 조건

간절한 열망, 계획 또는 목표는 의식속에서 일어나며, 그것을 실현하리라는 절대적인 믿음을 수반하여 즉시 잠재의식에 새겨지는데, 이러한 종류의 열망이 성취되지 않았다는 기록은 알려진 바가 없습니다.

5) 다섯 번째 조건

생각의 힘은 사람이 완전하고도 절대적으로 컨트롤할 수 있는 유일한 대상입니다. 그 생각의 힘을 통해 사람은 우주의 무한한 지혜를 얻어올 수 있습니다.

6) 여섯 번째 조건

잠재의식이란 우주의 무한한 지혜에 도달하기 위한 입구와 같으며, 그것은 신념의 정도에 정확히 비례하

여 그 필요에 응답합니다. 그리고 신념을 통해 잠재의
식과의 접촉이 이루어지면, 정확한 해답으로 안내해
줍니다.

7) 일곱 번째 조건

절대적인 신념이 수반된 명확한 목표는 지혜의 한
형태라고 볼 수 있으며, 그 지혜를 실행에 옮길 때 긍
정적인 결과를 낳습니다.

2. 명확한 목표의 주요 효과

명확한 목표는 독립심, 독창성, 상상력, 의욕, 절제와 집중력을 발달시키며, 이 모든 능력은 물질적인 성공을 획득하기 위한 필수조건입니다.

명확한 목표는 날마다 시간 계획을 세우고, 인생의 중요한 목표를 달성하기 위해 분투하도록 유도합니다.

명확한 목표는 인생의 중요 목표를 달성할 수 있는 기회에 더욱 주의를 기울이게 하고, 그러한 기회를 만났을 때 실행에 옮기는 용기를 북돋아 줍니다.

명확한 목표는 다른 사람들의 협조를 불러일으킵니다.

명확한 목표는 긍정적인 정신자세를 갖게 하고, 두려움, 의심, 우유부단 같은 장애에서 벗어나게 함으로써 목표달성을 확신하게 합니다.

명확한 목표는 성공의식을 갖게 해주는데, 그것 없이는 어떤 직업에 종사하든지 영구적인 성공을 획득하지 못합니다.

명확한 목표는 지지부진하게 뒤로 미루는 나쁜 습관을 극복하게 해줍니다.

세계에서 거대한 성공을 이룬 사람들은 모두 주요 목표를 정하고 노력을 집중함으로써 탁월한 업적을 남길 수 있었습니다.

토머스 에디슨은 그의 피나는 노력을 전적으로 과학발명에 헌신했습니다.

앤드류 카네기는 철강 제조와 판매에 매달렸습니다.

프랑크 울워스는 5~10센트짜리 염가 연쇄점에 운영에 온 정성을 기울였습니다.

월터 크라이슬러는 자동차 사업에 매진했습니다.

윌리엄 듀런트 역시 자동차 사업에 총력을 기울였습니다.

필립 아머는 육류를 포장하고 배달하는 데 전문이었습니다.

제인스 힐은 거대한 대륙간 철도 건설과 관리사업

에 온 정신을 집중했습니다.

알렉산더 그레이엄 벨은 근대 통신의 발전과 관련된 과학 연구에 매진했습니다.

마샬 필드는 세계에서 가장 큰 소매점을 운영했습니다.

사이러스 커티스는 전 생애를 〈새터데이 이브닝 포스트〉지(紙)의 발행과 발전에 바쳤습니다.

워싱턴, 제퍼슨, 링컨, 패트릭 헨리, 토머스 페인 등 이들은 모든 이들의 자유를 위한 오랜 투쟁에 그들의 생애와 재산을 헌납했습니다.

이처럼 그들은 모두 단일한 목표를 가진 사람들이었습니다. 이외에도 오늘날 우리가 살고 있는 이 세상을 존재하게 만든 이들의 이름을 열거하자면 끝이 없을 것입니다.

3. 명확한 목표를 정하는 방법

인생의 명확한 주요 목표를 정하는 방법은 간단하지만 매우 중요하다.

1) 인생의 주요 목표에 대해 간결하고도 명확하게 글을 써봅니다. 그런 다음 적어도 매일 한 번씩 가능하다면 여러 번 반복하여 소리내어 읽어본다. 반복하여 읽고 또 읽음으로써 목표의식을 마음에 새깁니다.

2) 주요 목표를 달성하기 위한 간결하면서도 명확한 계획을 글로 적어봅니다. 이 계획 속에는 최대한 언제까지 목적을 달성할 것인지 기간을 적어놓습니다. 그런 다음 세상에 공짜로 되는 것은 없고, 모든 일은 응당의 값을 치르고 얻어야 한다는 사실을 기억하면서 목표를 실현시키기 위해 어떤 노력을 할 것인지 정확히 적습니다.

3) 융통성을 가져야 합니다. 계획은 언제든지 바뀔 수 있습니다. 또 온 우주만물을 주관하는 신은 여러분

이 상상할 수 있는 것보다 훨씬 뛰어난 계획을 가르쳐 줄 능력이 있습니다. 그러므로 마음에 어떤 좋은 생각 이 떠오르면 주저하지 말고 받아들입니다.

4) 특별한 경우를 제외하고는 절대 남에게 함부로 알리지 않습니다.

이와 같은 사항을 섣불리 판단하고 시시하다고 여 기지는 마십시오. 글자 하나하나 그대로 믿으며 지시 사항을 엄밀히 따라가면, 성공한 수많은 위인들의 절 차를 그대로 밟을 수 있다는 것을 기억해야 합니다.

이와 같은 사항은 여러분이 쉽게 따라올 수 없는 노 력을 요구하지 않습니다. 평범한 사람들이 견딜 수 없 는 시간이나 능력을 요구하지도 않습니다. 또한 모든 참된 종교의 철학과도 완벽하게 조화를 이룹니다.

여러분이 인생에서 무엇을 원하고, 그 대가로 무엇 을 지불할 것인지를 이제 결정하십시오. 어디로 가고 어떻게 도달할 것인지를 결정하십시오.

그런 다음 여러분이 지금 서 있는 곳에서 출발해 보 십시오. 이때 무엇이든 목표를 달성하는데 필요한 수단을 가지고 출발하십시오. 여러분이 그러한 수단을 사용할 때, 다른 더 좋은 수단이 나타난다는 것을 이내 깨닫게 될 것입니다. 세상 사람들이 성공했다고 인정하는 모든 사람들도 그런 경험을 해왔습니다. 그들은 시작은 아주 미미했지만, 명확한 목표를 달성하겠다는 열정은 매우 뜨거웠습니다. 그러한 열망에는 영원히 사라지지 않는 마법이 들어있는 것입니다.

그런데 한 가지 기억할 점이 있습니다.

한번 지나간 일은 후회해 봤자 아무 소용이 없다는 것입니다. 어제는 영원히 사라져 버렸습니다. 하지만 오늘은 어제의 내일이었다. 지금 이 순간, 오늘에 최선을 다하십시오.

이제 나는 성공이라는 아치에 쐐기돌이 될 원칙, 즉 오늘날의 생활방식, 다시 말해 자유기업체와 모든 부를 가능하게 한 원리에 대해 소개할 것입니다.

그러나 먼저 여러분이 인생에서 무엇을 열망하는지부터 확실히 해놓을 것을 권하고 싶습니다.

4. 성공으로 인도하는 아이디어는 명확한 목표에서 시작된다.

아이디어에는 고정 가치가 있을 수 없습니다. 아이디어가 모든 성공의 시작이기 때문입니다.

아이디어는 모든 재산의 토대이며, 모든 발명의 출발점입니다. 아이디어는 우리가 숨쉬는 공기와 바닷물까지 정복합니다. 즉 아이디어를 통해 우리는 우주의 보이지 않는 에너지까지 활용할 수 있는 것입니다.

모든 아이디어는 명확한 목표에서 시작됩니다.

축음기는 에디슨이 명확한 목표를 가지고 뛰어들어, 잠재의식을 통해 무한한 우주의 지혜에 투영시키고, 실현가능성이 있는 계획이 떠오르기까지는 추상적인 아이디어에 불과했습니다. 하지만 그는 이 계획을 작동이 가능한 기계로 바꿔 놓았습니다.

이 책의 성공철학은 앤드류 카네기의 마음속에 일어난 한 아이디어에서 시작했습니다. 그는 자신의 아이디어에 명확한 목표를 수반시켰고, 이제 그 철학은

전 세계의 수백만 사람들에게 놀라운 이득을 가져다
주었습니다.

더욱이 그의 아이디어에서 이득을 얻는 사람들은
지금도 점점 늘어나고 있습니다. 신세계라고 불리는
북미 대륙의 발견은 평범한 선원의 머리에 떠오른 한
아이디어와 명확한 목표가 수반된 결과였습니다. 400
여 년 전에 떠오른 한 아이디어가 미국이라는 나라를

건설하고, 세계 최고의 선진국으로 눈부시게 발전하리라고 누가 상상이나 했겠습니까?

머릿속에 떠오른 아이디어를 확인하고, 의심해보고 또는 존중하는 등 여러 가지로 생각을 해보면, 실제적으로 적용할 수 있는 형태를 찾을 수 있게 됩니다.

사람들이 믿는 것에 대해 이야기를 나누고, 과연 그것이 옳은지 옳지 않은지를 의심하는 것은 아이디어가 한두 가지 형태로 자리잡기 위해 가장 확실한 방법입니다.

특히 가난과 곤궁에서 벗어나려고 노력하는 사람들은 이러한 원리에 귀를 기울여야 합니다. 미국이라는 나라에 일어난 기적이 다른 사람에게도 일어날 수 있기 때문입니다.

5. 잠재의식은 성공의 중요한 연결고리

이제 의식 속에 들어있던 생각, 아이디어, 계획, 희망과 목표가 잠재의식 속으로 들어가서 내가 나중에 설명할 자연법칙을 통해 논리적인 결론을 맺게 되는 원리에 대해 눈을 돌려 봅시다.

이 원칙을 깨닫고 이해하려면 명확한 목표가 왜 모든 성공의 시작이 되는지를 먼저 깨달아야 합니다.

의식에서 잠재의식으로 옮겨가는 생각의 전이(轉移)는 단순한 점증(漸增) 과정을 통해서 촉진되거나 확실한 신념과 명확한 목표에 근거를 둔 뜨거운 열망, 열정 같은 매우 강렬한 감정을 통해 촉진됩니다.

생각에 신념이 더해지면, 그것이 잠재의식에 전해져 현실로 드러나는 명확성과 속도가 엄청나게 높아집니다. 신념의 힘으로 인해 생긴 속도가 너무 빨라서 많은 사람들이 기적이라고 믿는 일이 생기는 것입니다.

심리학자와 과학자들은 모든 일은 명백한 원인의

결과로 일어난다고 주장하면서 기적을 인정하지 않고 있습니다. 그러나 정신력을 통해 마음속의 모든 구속을 떨쳐버린 사람은 타고난 기질이 어떻든 상관없이 자신의 모든 문제까지 해결할 능력이 있다는 것은 명백한 사실입니다.

따라서 이 점에 대해서는 과학자들과는 달리 심리학자들의 견해는 다릅니다. 물론 그들은 우주의 무한한 지혜가 모든 수수께끼를 자동으로 해결한다고 주장하지 않지만, 그럼에도 불구하고 완벽한 신념에 의해 잠재의식에 새겨진 명확한 아이디어, 목표, 목적 또는 열망에 결실을 가져다 줄 수 있다는 점은 인정하고 있습니다.

그렇다고 우주의 무한한 지혜가 잠재의식에 들어있는 어떤 생각을 수정하거나 바꿔놓지는 않으며 단순한 바람이나 불명확한 아이디어, 생각 또는 목적 따위는 실현시키지도 않습니다.

이런 점을 명심하고 강한 신념을 잠재의식에 새기면 여러분은 다른 사람들이 고심하는 것보다 훨씬 적은 노력으로 갖가지 문제들을 충분히 해결할 수 있게 됩니다.

소위 육감이란 무한한 우주의 지혜가 우리의 의식과 접촉을 시도한다는 것을 나타내는 일종의 신호입니다. 또한 육감은 대개 잠재의식에 들어있는 아이디어, 계획, 목적이나 열망에 대한 반응으로서 나타납니다.

따라서 모든 육감은 당사자에게 큰 가치를 지닌 정보의 한 토막 또는 전체를 전달할 수 있기 때문에 존중하며 주의깊게 검토해야 합니다. 이러한 육감들은 종종 계기가 된 생각이 무한한 우주의 지혜에 접촉한 지 몇 시간, 며칠 또는 몇 주 뒤에 나타납니다.

그러나 이런 육감은 그냥 얻어지는게 아니라, 오직 명상과 목표달성에 대한 끊임없는 생각을 통해서만 가능합니다.

이와 같이 사람의 일은 주로 어떤 생각을 품고 사느냐와 정확히 일치합니다. 이것은 우리의 인생에서 가장 심오한 진리 중의 하나입니다.

성공한 사람들은 성공과 관련하여 생각하는 습관을 지녔기 때문에 성공할 수 있었습니다. 그리고 명확한 목표는 마음을 완벽하게 지배하게 만들기 때문에 실패를 떠올릴 만한 어떤 시간이나 공간도 내주지 않습니다.

　　인생의 또다른 심오한 진리는 실패한 사람과 스스로 실패자라고 여기는 사람들이 마음가짐을 바꿈으로서, 역경이라는 바람을 성공을 향해 날라다주는 힘으로 전환시킬 수 있다는 점입니다. 이를테면 다음과 같은 이치입니다.

　　배 한 척은 동쪽으로 항해하고, 다른 배는 서쪽으로 항해하고 있지만, 똑같은 바람을 맞으며 추진력을 얻고 있습니다. 따라서 배를 몰고 어느 쪽으로 가야 할지 정하는 것은 돛을 어떻게 세우느냐지, 결코 바람의 방향 때문이 아닙니다.

　　물론 냉철한 두뇌에 유능한 사업가로 통한다며 매우 자부심을 갖고 사는 사람이라면, 이러한 명확한 목표의 원리가 비현실적으로 들릴 수 있습니다.

그러나 의식적인 사고의 힘보다 더 큰 힘이 존재하며, 그것은 인간의 유한한 두뇌로는 지각할 수 없을 때가 많습니다. 이러한 진리를 받아들이는 것은 명확한 목표의 성공적인 도달을 위해 필수적입니다.

플라톤과 소크라테스에서 현대의 에머슨 등 위대한 철학자들과 조지 워싱턴에서 에이브러햄 링컨 등 우리 시대의 위대한 정치가들은 위기의 순간마다 늘 신을 향한 영적인 자아를 추구한 것으로 알려져 있습니다.

따라서 그들과 마찬가지로 나 또한 영구적인 성공은 신의 영적인 능력을 부정하고는 불가능하다고 생각합니다. 신의 능력은 영적인 자아를 통해서만 감지하고 얻어올 수 있기 때문입니다.

사람들 각각의 생활환경은 그것이 실패를 부르는 것이었든 성공을 부르는 조건이었든 명확한 원인의 결과입니다. 그리고 사람들 각자의 생활환경은 대부분 스스로 만든 결과입니다.

이 명백한 진리야말로 명확한 목표의 원리에서 가

장 중요한 것입니다.

　따라서 자신의 바라지 않는 생활환경에서 살아가고 있다고 낙심하지 마십시오. 정신자세를 바꾸고, 새롭고도 바람직한 사고 습관을 형성하면 얼마든지 바라는 환경으로 변화시킬 수 있기 때문입니다.

6. 명확한 목표로 성공을 이룬 사람들

미국의 산업발전에 큰 공헌을 했던 훌륭한 기업가들은 수없이 많습니다. 그 중 월터 크라이슬러 만큼 눈부신 활약을 한 인물도 드물 것입니다.

그의 이야기는 부와 명예를 염원하는 모든 젊은이들에게 희망을 주고 있으며, 명확한 목표를 세우고 실천했을 때 얻을 수 있는 능력의 좋은 사례가 되고 있습니다.

크라이슬러는 유타주의 솔트레이크시티에 있는 한 선로(線路)회사의 정비공으로 일을 시작했습니다. 그리고 저축한 4,000달러를 자신의 사업 자본금으로 쓰려고 했습니다.

그는 사업을 시작하기 전 세밀하게 여러 방면으로 조사해 보았습니다. 그 결과, 자동차 사업이 전망있다고 판단, 그 분야에 진출하기로 결심했습니다.

그가 자동차업계로 진출했을 때의 일화는 드라마틱하고 마치 한편의 소설과 같습니다.

그는 맨 먼저 저축한 돈을 몽땅 쏟아 부어 자동차 한 대를 샀습니다. 그러자 그의 친구들과 친지들은 그의 황당한 행동에 놀라움과 큰 충격을 받았습니다.

게다가 그들은 또다시 큰 충격을 받아야 했습니다. 자동차가 솔트레이크시티에 도착하자마자 크라이슬러는 그것을 낱낱이 조각조각 분해해서 가게에 가득 늘어놓았기 때문입니다. 더욱이 그는 분해한 자동차 부속들을 다시 조립하기 시작했습니다.

그가 그런 실험을 너무 자주 벌였던 때문에 어떤 친구들은 그가 돌았다고 생각할 정도였습니다. 그들은 크라이슬러가 자동차를 갖고 하는 행동을 보고는 쓸데없는 짓이라고 여겼을 뿐, 크라이슬러의 마음속에 이미 커다란 계획이 자리잡고 있다는 것은 미처 깨닫지 못했습니다.

크라이슬러는 자신의 마음을 온통 자동차로 채웠습니다. 명확한 목표로 가득 채운 것입니다. 그는 꼼꼼하게 차의 구석구석을 살펴보고 싶었던 것입니다. 자동차를 낱낱이 분해하고 재조립하면서 크라이슬러는 그 자동차의 모든 장점과 단점에 대해 통달하게 되었습니다.

그런 경험을 기반으로 그는 구입한 자동차의 모든 장점을 차용하고, 모든 단점을 제거시킨 자동차 제작에 착수했습니다. 그리고 그는 이 사업을 너무나 철저히 준비했기 때문에 자동차 전 업계에 일대 센세이션을 몰고 올 수 있었습니다.

크라이슬러가 빠른 속도로 부와 명예를 거머쥘 수 있었던 것은 이처럼 시작하기 전에 어디로 가야할 지를 알고 목표를 위해 치밀하게 준비했기 때문입니다.

이렇게 명확한 목표를 갖고 움직인 사람들을 관찰해 보면 그들이 타인의 호의적인 협조를 얼마나 쉽게 끌어들이고, 저항을 무마하고 원하는 목표를 얻었는지를 깨달을 수 있을 것입니다.

월터 크라이슬러를 면밀히 분석해보면, 그가 인생의 12가지 재산을 얼마나 확실하게 거두었는지를 알 수 있습니다.

모든 재산 중에서 가장 중요한 것, 즉 긍정적인 정

신자세를 발전시킴으로써 그는 그 모든 재산을 거둘 수 있었습니다. 그것이 그에게 명확한 목표의 씨앗, 즉 좋은 자동차를 만들겠다는 목표의 씨앗을 심을 수 있는 비옥한 땅을 제공해 준 것입니다.

그리고나서 그는 하나씩 하나씩 다른 부를 획득해 나갔습니다. 즉 건강, 조화로운 인간관계, 공포로부터의 자유, 성공에 대한 희망, 신념, 베푸는 마음, 자선행동, 너그러운 마음씨, 자제심, 이해심과 마지막으로 경제적인 보장까지 말입니다.

크라이슬러의 성공과 관련해 가장 특이한 것 중의 하나는 그가 너무나 단순한 방법으로 성공을 획득했다는 데 있습니다. 그는 출발할 때 충분한 자본금을 갖고 있지 않았습니다. 그의 교육수준 또한 높지 않았다. 게다가 든든히 뒤를 봐주는 후원자도 없었습니다.

그런 그는 실용적인 아이디어를 갖고 있었으며, 자신이 처한 바로 그 상황에서 시작해 발전할 수 있는 충분한 사업적 재간을 갖고 있었습니다. 그가 명확한 목표를 현실로 바꾸기 위해 필요로 했던 모든 것은 거의 기적처럼 빨리 그의 손에 쥐어졌습니다.

하지만 그건 명확한 목표를 갖고 움직이는 사람에게는 그리 드문 일이 아닙니다.

7. 나눔과 성공의 비결

부(副)란, 즉 인생의 진정한 부란, 그것을 나누어 받는 사람들이 누리는 이익의 정도에 따라 정확한 비율로 증가합니다.

이것이 사실임을 내가 100% 증명할 수 있습니다. 나 자신이 나누어줌으로써 부자가 되었기 때문입니다. 내가 누군가에게 이익이 되는 일을 하면, 그 대가로 무엇이든 어떤 식으로든 남에게 나누어준 것보다 열 배나 많이 거둘 수 있었습니다.

개인적인 문제를 해결하는 가장 확실한 방법은 더 큰 문제를 가진 사람을 찾아내서 보상을 생각하지 말고 그 문제를 해결하도록 도와주는 것입니다. 이것은 내가 밝혀낸 많은 진실 중에서 가장 위대한 진실입니다.

매우 간단한 방법이지만 마치 마술처럼 신비롭고, 결코 실패하는 법이 없습니다.

그러나 여러분이 내 성공담을 단지 인정한다고 해

서 그 방법을 사용할 수 있는 게 아닙니다. 여러분은 그것을 여러분 자신의 방법으로 수용하고 적용해야만 합니다. 그렇게 하면 여러분은 어느 누구의 성공 사례도 필요하지 않게 됩니다.

그러려면 먼저 여러분 주변에 많은 기회가 있다는 것을 깨닫는 것입니다. 왜냐하면 타인이 길을 찾아가도록 도와줌으로써 여러분도 스스로 갈길을 찾을 수 있기 때문입니다.

예컨대 이웃이나 직장 동료들과 함께 친목 클럽을 만들어 여러분 스스로 그 그룹의 리더와 교사 역할을 행함으로써 그와 같은 일을 시작할 수 있습니다.

여기에서 여러분은 또다른 위대한 진리를 배우게 될 것입니다. 즉 인생의 성공철학 원칙을 사용하는 가장 좋은 방법은 그것을 타인에게 가르쳐주는 것이라는 사실입니다. 어떤 사람이 어떤 것을 가르치기 시작한다면, 그는 자기가 가르치는 것에 대해 더 많은 것을 배우는 법입니다.

여러분은 지금 이 철학을 배우는 학생이 되었지만,

그것을 타인에게 가르쳐줌으로써, 그 철학의 주인이 될 수도 있습니다. 그리하여 풍부한 보상을 받게 될 것입니다.

예컨대 여러분이 평범한 샐러리맨이라면, 직원들의 관계를 평화롭고 조화롭게 조정하도록 도움으로써 여러분 자신의 가치를 발견하는 좋은 기회가 될 것입니다.

또 여러분이 직원을 관리하는 간부라면, 부하 직원들간의 신뢰와 고용주의 완벽한 협조를 얻을 수 있을 것입니다. 그게 정말일까요? 이 철학을 적용하는 대가로 그런 일이 일어난다고 정말 약속할 수 있을까요?

물론 그렇습니다. 이 철학의 원리를 적용해 운영하는 노동조합은 그 원리의 영향을 받는 모든 이들에게 이익을 가져다 줄 것입니다. 불화는 조합원들의 화합으로 대체되고, 선동과 노동 착취는 자동적으로 제거될 것입니다. 노동조합의 기금은 정치적인 뒷거래를 위해서가 아니라 조합원들의 교육을 위해 쓰여질 것입니다.

임금에도 더 많은 이득이 있을 것입니다. 이를테면 회사 경영자 측에서 최악의 단체행동이 일어날 경우를 대비해 강제로 부과하는 예비기금을 근로자들에게 돌려주는 것입니다. 그러므로 모든 기업마다 친목클럽이 있어야 합니다.

미국의 경우를 들어봅시다. 대기업에서는 그런 종류의 클럽을 위한 공간이 마련되어 있습니다. 회원 구성은 근로자와 경영자 측 양편에서 가입이 가능합니다. 누구나 동의할 수 있는 원칙에 근거한 공공의 모임이기 때문입니다. 회사의 경영자 측과 근로자 사이에 존재하는 혼란이 미국의 경제문제를 일으키는 첫 번째 요인임을 잘 알고 있기 때문에 이러한 클럽의 구성을 특히 강조하는 것입니다.

따라서 여러분이 이미 명확한 인생의 목표를 받아들였다면, 이제 그것을 행동에 옮겨야 합니다. 이를 필요로 하는 사람들에게 가르쳐주는 것이 그 실천의 시작입니다.

이웃에게 어려움이 닥쳤을 때 돕는 것은 자신에게 이

득을 가져다 주기도 하지만, 현재 우리가 사는 세상은 그런 행동이 필수적인 자기 방어의 수단이기도 합니다.

예컨대 이웃집에 불이 났다면, 여러분은 그 불이 꺼지도록 자발적으로 나서서 도와줄 것입니다. 이웃과 친한 사이가 아니라고 할지라도 상식상 그렇게 해야 여러분 자신의 집을 구할 수 있다는 것을 잘 알고 있기 때문입니다.

기업의 경영자와 근로자 사이에서 조화를 모색할 때, 나는 경영자의 이해관계에만 중점을 두지 않는다. 왜냐하면 양측 사이에 조화가 성사되지 못하면, 경영자도 근로자도 우리가 살고 있는 현실에서 번영의 뿌리를 내릴 수 없다는 것을 잘 알고 있기 때문입니다.

한편, 건전한 인생철학을 가진 사람이라면, 불과 10년전만 해도 없었던 풍부한 기회들에 둘러싸인 자신을 발견하게 될 것입니다.

그러나 명확한 목표 없이 성공을 꿈꾸는 사람은 평균적인 수준보다 훨씬 더 큰 어려움을 만나게 될 것입니다.

반면 현재와 미래의 세계에서 돈을 벌 수 있는 기회는 직장에서 리더십을 발휘할 채비를 하는 사람에게 더 많이 돌아갈 것입니다.

　　또한 어떤 분야에서는 리더십은 건전한 철학이 바탕이 되어 있을 것을 요구합니다. 마구잡이식의 리더십이 통하던 시대는 이미 지나가 버렸습니다. 현재에도 마찬가지이지만 기술과 능력과 인간에 대한 이해가 빠르게 변화되는 세상에서는 그러한 리더십이 더욱 요구됩니다.

　　특히 공장에서 감독일을 하는 사람은 장차 새로운 책임을 수행해야 할 것입니다. 그들은 능률적인 생산에 필수적인 작업장의 기계에 대해 정통해야 하는 것은 물론, 그들이 책임지고 있는 근로자들 사이의 화목한 분위기 조성에도 유능해야 합니다.

　　오늘날의 젊은이가 내일의 지도자가 됩니다. 그들을 위해 우리는 무엇을 해줄 수 있을까요? 이것이 우리의 가장 중요한 문제이고, 학교 교사들의 어깨 위에 떨어진 가장 중요한 의무이자 부담입니다.

여러분이 아직 명확한 목표를 갖고 있지 않다면 이 변화된 세상에서 여러분이 적응할 분야를 찾아 목표를 만들어야 합니다. 여러분 스스로 새로운 기회를 만들고 준비해야 할 것입니다.

8. 목표의 선택

만약 그럴만한 특권이 주어진다면, 물론 나는 여러분의 능력과 요구에 걸맞는 명확한 목표를 골라주고, 목표를 달성할 수 있는 간단한 계획까지 세워줄 것입니다. 그러나 나는 여러분 스스로 할 수 있는 방법을 알려줌으로써 더 효과적인 봉사를 할 수 있습니다.

아이디어를 찾다보면 언젠가는 그것이 여러분 앞에 드러날 것입니다. 그것은 이 철학을 공부하는 사람들이 대부분 경험하는 것입니다. 일단 아이디어가 떠오르면 벗어날 수 없는 힘으로 다가오기 때문에 여러분이 깨달을 수밖에 없습니다. 진심으로 원하고 찾고 있다면 확신할 수 있을 것입니다.

성공철학의 뛰어난 면은 새로운 아이디어를 창조하도록 자극하고, 예전에 모르고 지나쳤던 성장의 기회를 발견하며, 그러한 기회들 중의 대부분을 독창적으로 수용하고 사용하게 한다는 데 있습니다.

성공철학의 이러한 기능은 우연의 결과가 아니고,

이미 예정되어 있습니다. 자기 스스로 창조한 아이디어가 남에게서 빌려온 것보다 훨씬 좋은 결과를 내는 건 당연한 일입니다. 왜냐하면 쓸모있는 아이디어를 만들어낸 바로 그 방법을 통해 추가적인 아이디어를 계속 획득할 수 있기 때문입니다.

따라서 아이디어는 스스로 만들어내는 것이 가장 좋으며, 독립심은 귀중한 가치를 지닌 재산이기도 합니다. 하지만 때로는 다른 사람들의 도움을 끌어올 필요가 있을 때도 있습니다. 특히 뛰어난 리더십을 발휘하고자 열망하는 사람에게는 그런 시기가 꼭 필요할 것입니다.

이제 나는 여러분에게 명확한 목표를 달성하기 위해 많은 사람들의 협력을 얻을 수 있는 방법을 알려주고자 합니다.

앤드류 카네기가 아무런 자본도 없이, 변변치 못한 학력으로 사업을 시작했음에도 불구하고, 거대한 철강산업을 일으킬 수 있었던 것도 같은 방법을 사용했기에 가능했습니다.

토머스 에디슨이 물리학, 수학, 화학, 전기 등 발명가로서의 반드시 필요한 모든 과학 분야에 대해 별 지식이 없으면서도 세계에서 가장 뛰어난 발명가가 된 것 역시 같은 방법이었습니다.

그러므로 교육, 자본, 기술적인 능력이 부족하다고 해서 인생의 목표를 세울 때 기죽을 필요가 전혀 없습니다. 왜냐하면 성공철학의 원칙을 적용함으로써 무슨 목표를 세우든지 달성할 수 있기 때문입니다.

그런데 성공철학이 할 수 없는 단 한 가지 일은 여러분의 목표를 골라줄 수 없다는 것입니다.

그러나 일단 여러분이 자신의 목표를 설정한다면, 이 철학이 여러분을 그 목표지로 정확하게 안내할 것입니다. 그것은 영원불멸의 약속입니다.

나는 여러분이 무엇을 열망해야 하는지, 얼마나 성공을 바라야 하는지 이야기해 줄 수는 없지만 성공을 획득할 수 있는 방법은 얼마든지 알려줄 수 있고, 또 알려줄 것입니다.

따라서 지금 당장 여러분이 해야 할 중요한 일은 인

생에서 무엇을 열망하는지, 어디로 가야 하고 그것을 얻기 위하여 무엇을 해야 하는지를 알아내는 것입니다. 이것은 여러분 외에 어느 누구도 맡을 수 없는 일이기 때문입니다.

9. 불타는 열망의 힘

성공은 명확한 목표를 정하는 것에서부터 시작됩니다.

이런 사실을 귀가 따갑도록 강조하는 것은 100명 중 98명이 명확한 목표를 정하지 않고 인생을 살아가는 게으른 생활이 일반화되어 있기 때문입니다.

목표의 단일성은 귀중한 자산입니다. 왜냐하면 그것을 가진 사람들이 거의 없기 때문에 더욱 귀중한 것입니다.

그러나 여러분의 욕망은 단순한 희망사항이나 바람에 그쳐서는 안 됩니다.

그것은 불타는 열망, 즉 너무나 바란 나머지 큰 대가를 치르고라도 꼭 달성하고 싶어하는 욕망이어야 합니다. 그 대가란 많을 수도 적을 수도 있지만, 여러분은 어쨌든 대가를 치를 각오를 하고 있어야 합니다.

그런데 신기한 것은 여러분이 인생에서 명확한 주요 목표를 선택하자마자 그 목적을 획득하는 수단과 방법 들이 즉시 여러분 앞에 나타나는 기이한 상황을 맞이하게 될 것입니다. 뿐만 아니라 여러분이 기대조차 하지 않았던 기회들도 나타날 것입니다.

또한 다른 사람들의 협조가 여러분에게 다가올 것이고, 마치 마법에라도 걸린 듯이 여기저기에서 친구들이 나타날 것입니다. 또 두려움과 의심은 사라지기 시작하고, 독립심이 그 자리를 차지할 것입니다.

초심자에게는 이런 말이 비현실적인 약속처럼 들릴수도 있겠지만, 우유 부단한 성격을 고치고 인생의 명확한 목표를 정한 사람에게는 그렇지 않을 것입니다. 나는 다른 사람들을 관찰한 결과만이 아니라, 내 자신의 경험에서 비롯된 말을 하는 것입니다.

나는 나 자신을 침울한 실패자에서 성공가로 바꾸었기 때문에 이 성공철학이 제공하는 안내지도를 따라가다 보면, 큰 이득을 얻을 수 있다고 자신있게 말할 수 있는 권리가 있습니다.

여러분이 명확한 주요 목표를 선택할 때, 주변의 친지나 친구들이 공상가라고 불러도 기죽을 필요는 없습니다. 인간의 모든 진보의 과정에서 선구자 역할을 한 사람은 모두 공상가들이었기 때문입니다.

그러므로 꿈을 꾸는 것에 대해 부끄러워하지 말고 명확한 목표를 세우고 그에 근거하여 그 꿈을 행동으로 옮겨야 합니다. 여러분의 성공 가능성은 여러분보다 우월한 조건을 갖춘 어느 누구에 못지않게 충분합니다.

과거 수많은 사람들이 거칠고 힘든 길을 걸으며 일구어낸 성공 중에서, 그 원리만을 배워 이용하는 여러분은 여러 가지 면에서 훨씬 많은 가능성을 갖고 있는 것입니다.

10. 불타는 열망으로 성공을 이룬 사람들

로이드 콜리어는 노스캐롤라이나 주의 화이트빌 근처 농장에서 태어났습니다. 가정 형편상 정규교육을 제대로 받지 못하고, 어린 시절부터 돈을 벌어야 했습니다.

10대 소년 시절이었을 때, 허리 아래로 몸이 마비되는 질병이 찾아와 그는 길모퉁이에 앉아 깡통과 연필 꾸러미를 들고 구걸하는 신세가 될 수밖에 없었습니다.

다행히 화이트빌에서 소규모 펀드를 운영하던 한 사업가가 콜리어를 시계 수리를 가르치는 학교에 보내주었습니다. 그 결과 그는 작은 소매점 뒤편, 임대료를 낼 필요가 없는 공간에 작업대를 차려놓고 시계수리공으로서 일에 몰두하기 시작했습니다.

불구의 몸이긴 했지만, 그는 결코 자신감과 명랑한 기질을 잃지 않았고, 그런 성격 탓에 곧 많은 친구들과 일거리를 불러 모을 수 있었습니다.

콜리어는 「놓치고 싶지 않은 나의 꿈 나의 인생 1」을 읽고 영향을 받았습니다. 너무나 깊은 감명을 받았기에 그는 책에 안내되어 있는 앤드류 카네기의 유명한 성공법칙을 진지하게 자기 일에 적용하기 시작했습니다.

그가 처음 시도한 일은 명확한 주요 목표를 글로 쓰는 것이었습니다. 그는 그것을 기억에 새기기 위해 날마다 여러 번 반복하여 소리 내어 읽었습니다. 화이트빌에서 가장 훌륭한 보석점을 소유하고, 도시에서 가장 아름다운 여인과 결혼하여 아이들을 낳고 행복한 가정을 일구겠다는 것이 목표한 내용이었습니다.

아무런 자본도 없이 무(無)에서 출발한 데다, 다리까지 쓰지 못하는 남자에게는 무리한 꿈일는지도 모릅니다.

그러나 그는 결국 해내고야 말았습니다. 명확한 목표라고 적어 두었던 모든 꿈을 이룬 것입니다. 게다가 한창 젊은 나이에 그와 같은 성공을 거두었기 때문에 오랫동안 자기가 얻은 축복을 즐기며 살 수 있었습니다.

그는 자기 손으로 특별히 개조한 휠체어를 타고, 어느 누구의 도움도 받지 않고 이곳 저곳을 돌아다니고 드나들었습니다. 그리고 그의 보석점은 믿을 만한 직원들과 책 판매를 맡고 있는 부인이 운영하였습니다.

여러분이 그의 가게를 방문한다면, 안으로 들어서자마자 그가 열렬히 맞이해줄 것입니다. 그리고 불구가 절대 핸디캡이 될 수 없었던 한 남자를 눈앞에서 볼 수 있을 것입니다.

로이드 콜리어는 자기보다 좋은 신체조건을 가진 사람들이 쉽게 따라할 수 있는 습관을 만들어 지키고 매일 자기가 누린 축복에 대한 감사의 기도를 드리고 있으며, 동료들에게 동정하지 말아달라고 부탁했습니다.

그대신 그는 자기보다 훨씬 불행한 사람들에게 자신의 복을 나누어주는 기회를 찾았습니다. 오직 그들에게 나누어줌으로써 자신의 복이 풍부해지고 늘어난다고 믿었기 때문입니다.

로이드 콜리어를 통해서 우리는 깡통과 연필 꾸러미를 들고 길모퉁이에 앉아있는 사람과 자수성가해서 편안하게 살고 있는 사람 사이의 큰 차이점을 찾아볼 수 있습니다. 그것은 바로 마음가짐이다. 〈콜리어〉는 긍정적인 정신자세를 발견했고, 그것을 통해 원하던 모든 것을 얻을 수 있었습니다.

따라서 자신에 대한 불만스러운 생각이 들거나 부정적인 생각으로 우울해진다면, 노스캐롤라이나 주의 화이트빌로 떠나서 로이드 콜리어를 몇시간만 만나보십시오. 자신에 대한 모든 시각을 버리고, 긍정적인 정신자세를 안고 돌아올 수 있을 것입니다.

현명한 사람들은 관대하게 자기 재산의 대부분을 나누어줍니다. 또 자기들의 자신감을 아낌없이 나누어주며, 괜히 주는게 아닐까 공연한 신경을 쓰지도 않습니다. 또한 자신의 목표와 계획을 말로 표현하기보다는 행동으로써 실천에 옮깁니다.

현명한 사람들은 많이 듣고 조심스럽게 말합니다. 남의 말을 들으면 귀중한 것을 배우지만, 반대로 본인이 말하면 아무것도 배우지 못한다는 것을 잘 알고 있기 때문입니다.

말을 해야 할 때가 있고, 반대로 조용히 있어야 할 때가 있습니다. 이때 현명한 사람은 입을 열어야 할지 닫아야 할지를 알며, 자신이 없을 때는 조용히 침묵을 지키는 게 낫다는 것도 압니다.

그러나 대화를 통한 생각의 교환은 인생의 명확한 목표를 향해 계획과 실행을 도모하는 데 좋은 지식을 얻을 수 있는 중요 수단이 됩니다. 여럿이 둘러앉아 토론을 벌이는 것이 거대한 성공을 이룬 사람들의 두드러진 특징이기 때문입니다.

하지만 이러한 토론은 사람과 사람 사이에 마음을 터놓고 나누는 한가한 대화와는 너무나 다른 것입니다.

이제 나는 여러분이 주는 만큼 또는 그 이상으로 얻으리라는 것을 확신하면서, 다른 사람과 생각을 교환하는 안전한 방법을 알려줄 것입니다. 이 방법으로 여러분은 자유롭게 가슴속에 품은 계획을 이야기할 뿐만 아니라, 그렇게 하는 것이 여러분에게 유익할 것입니다.

나는 여러분이 성공을 향한 여행길에서 샛길을 빠져나와 고속도로로 진입할 수 있는 중요한 교차점을 알려줄 것입다. 그 도로에는 여러분이 그냥 지나치지 않도록 확실한 표기가 되어 있을 것입니다.

제4장

보상을 생각하지 말고 일하라

보상을 생각하지 말고
일하라

어떤 직업이든 성공하기 위해 가장 중요한 원칙은 기꺼이 무보수로 일하겠다는 정신입니다. 즉 응당의 보수를 받기보다는 긍정적인 정신자세로 더 많고 더 나은 서비스를 행하는 것을 의미합니다.

이 원칙에 위배되는 논리적으로 완전무결한 증거를 아무리 찾으려고 해도 여러분은 찾아내지 못할 것입니다. 그 원칙을 적용한 결과 아무리 작은 부분이라도 달성되지 못한 예가 있을까 찾아보아도 역시 찾을 수 없을 것입니다.

이 원칙은 사람이 창조한 것이 아닙니다. 인간보다 열등한 모든 생물도 살아남기 위해 이 원칙을 적용할 수밖에 없기 때문에 그것은 명백한 자연의 순리에 속합니다.

대지에서 생산되는 농산물에 이 원칙이 어떻게 적용되는지 한번 살펴봅시다.

농부는 땅을 개간하고 적당한 시기에 씨앗을 심는 등 무보수로 일을 하는데, 그런 수고의 대가로 미리 수확을 얻지는 못합니다.

그러나 자연법칙에 맞춰 노동을 한다면, 자연은 농부의 손이 미치지 않는 부분을 떠맡아 그가 심어놓은 씨앗에 싹을 틔우고 곡물로 여물게 만듭다.

이 중요한 사실에 주의를 기울여 보십시오. 농부가 땅에 심은 각각의 밀과 옥수수 낟알에 자연은 수십 개의 낟알로 보답합니다. 즉 자연은 '보상 증가의 법칙'으로 농부에게 이득을 가져다주는 것입니다.

자연은 아무런 보수를 받지 않고, 필요한 모든 것을

쓰고 남도록 충분히 생산해 냅니다. 나무의 열매, 열매를 맺게 하는 꽃, 연못 속의 개구리, 바다 속의 물고기 등 모든 것이 그러합니다.

자연은 아무런 보수를 받지 않고, 모든 생물이 갖은 재난 속에서도 종(種)을 유지하도록 충분히 생산해 냅니다. 만약 그렇게 하지 않는다면 모든 생물은 이내 사라져버릴 것입니다.

어떤 사람들은 정글의 야수와 공중의 새가 아무런 노력 없이도 살 수 있다고 믿지만, 생각있는 사람들은 그게 사실이 아님을 잘 알고 있습니다. 자연의 모든 생명체가 양분을 얻을 수 있는 원천을 제공하지만, 그러한 양분을 받아 먹기 이전에 노동을 해야 하는 것이 진리입니다.

그 진리를 무시하고 뭔가를 거저 얻으려고 하는 사람에게 자연이 어떤 응답을 내리는지 주위에서 얼마든지 찾아볼 수 있을 것입니다.

무보수로 일하는 자세에서 얻을 수 있는 이득은 명백하면서도 합리적인 것입니다. 그중에서 몇가지 예를 찾아서 확인해 보겠습니다.

그런 자세가 습관으로 굳어지면, 승진의 기회를 제공하는 사람들에게 주목을 받게 됩니다. 또한 다양한 인간관계에서 없어서는 안될 인물로 부각되어 어떤 일을 하든 평균적인 보수 이상을 받게 됩니다.

무슨 직업에 종사하든지 그런 자세로 일하면 정신적으로 성장하고 육체적인 능력도 증가하여, 그 결과로 수익도 더욱 늘어나게 되는 것입니다.

아무리 취업률이 낮은 때라도 직장을 잃지 않는 것은 물론이고, 가장 좋은 일터를 차지할 수 있게 될 것입니다.

이러한 습관을 실천하지 않는 대다수의 사람들 때문에 비교의 원리에 따라 유리한 위치를 전할 수 있게 됩니다.

영구적인 성공에 필수인 긍정적이고도 즐거운 마음가짐이 발달하게 됩니다.

그런 습관은 끊임없이 새롭고 더 나은 서비스 방법을 찾도록 자극하기 때문에 방심을 하지 않게 하며 예리한 상상력을 발달시킵니다.

첫째, 독창성이라는 중요한 자질을 발달시킨다.
둘째, 독립심과 용기를 발달시킨다.
셋째, 성실성 때문에 남들의 신뢰를 얻게 된다.
넷째, 우유부단한 나쁜 습관을 정복하게 해준다.
목적 없이 살아가는 자세에서 벗어나 명확한 목표
를 갖게 해줍니다.

1. 베풀수록 얻는다

보상을 생각하지 않고 일하는 습관을 가져야 할 더 큰 이유는 그래야만 더 많은 보수를 요구할 수 있는 논리적인 근거를 만들 수 있기 때문입니다.

어떤 사람이 현재 받는 보수 이상으로 일을 하지 않는다면 그는 분명히 정해진 그 보수만을 받게 될 것입니다. 하지만 그는 일자리를 유지하기 위해서, 또는 수입의 원천을 유지하기 위해서 받는 보수만큼 서비스를 행해야 합니다.

그러나 남들에게 선의의 신뢰를 쌓는 수단으로써, 그리고 더 나은 지위와 보수를 요구하기 위해서 그 이상의 서비스를 행할 특권이 있습니다.

특히 더 많은 봉급을 받는 지위로 승진하기 위해서는 이러한 원칙을 적용함으로써 기회를 잡을 수 있습니다. 요즘 기업에서는 직원들에게 이런 원칙을 적용하여 적절한 인센티브를 제공하는 곳이 많습니다.

어쨌든 보상을 생각하지 않고 일하는 자세를 갖고

있지 않는 습관이나 철학은 불건전하고 당연히 실패하게 되어 있습니다. 왜냐하면 이 원칙을 통해서 사람들은 비범한 능력, 경험, 그리고 교육에 대한 보상으로 얻을 수 있는 중요한 발판을 확보할 수 있기 때문입니다. 또한 무슨 직업을 가졌든 자기 존재의 가치를 부각시킬 수 있습니다.

물론 미국 같은 선진국에서는 보상을 생각하지 않고 일하는 자세를 실천하지 않아도 누구든지 생계를 유지할 수 있습니다. 그리고 많은 사람들이 그렇게 살아가고 있습니다.

그러나 경제적인 안정과 세계의 많은 위인들이 누렸던 영광은 그런 습관을 중요한 인생철학으로 삼아 매일 실천하는 사람에게만 적용됩니다.

또한 상식 있는 사람이라면 이 원칙이 사실이라는 것을 알 수 있습니다. 거대한 성공을 이룬 사람들을 대충 분석해 보아도 이것이 사실임을 확인할 수 있을 것입니다.

앤드류 카네기가 성공한 기업가를 수없이 양성했다

는 것은 잘 알려진 사실입니다. 그들중 대부분은 평범한 일용직 근로자에서 출세했고, 그들중 많은 사람들이 카네기의 도움이 없었다면 불가능했을 어마어마한 재산을 모았습니다.

카네기가 승진을 열망하는 근로자들에게 적용하는 첫 번째 테스트는 얼마나 기꺼이 무보수로 일할 수 있는지를 조사하는 것이었습니다.

찰스 슈왑을 발굴해낸 것도 이 테스트를 통해서였습니다. 슈왑이 처음 카네기의 주목을 끌었을 때, 그는 한 철강 제조공장에서 일용직 노무자로 일하고 있었습니다. 유심히 관찰한 결과 〈슈왑〉이 언제나 자기 보수 이상으로 더 많고 더 나은 서비스를 행하고 있다는 것이 밝혀졌습니다. 게다가 그는 즐거운 마음으로 일하고 있었고 그래서 동료들 사이에 인기를 끌고 있었습니다.

그는 승진을 거듭해서 훗날 1년에 7만 5천 달러의 급료를 받는 거대한 U.S. 철강회사의 사장이 될 수 있었습니다.

날품팔이 노동자 찰스 슈왑이 보상을 생각하지 않고 일하는 습관을 적극적으로 기르지 않았다면 아무리 용을 써도 평생 7만 5천 달러만큼은 벌지 못했을 것입니다.

카네기는 일반적으로 보기에도 충분한 봉급을 슈왑에게 지불한 것뿐만 아니라, 정규 봉급 외에 100만 달러의 보너스를 때때로 지급했습니다.

왜 슈왑에게 봉급보다 많은 보너스를 지급했느냐는 질문을 받으면, 카네기는 직업이나 봉급에 관계없이 모든 사람들이 깊이 새길 만한 대답을 했습니다.

"나는 슈왑이 실제 일한 대가로 봉급을 준 것이고 기꺼이 무보수로 일한 대가로 보너스를 지급한 겁니다. 그럼으로써 다른 직원들에게도 좋은 본보기가 되겠지요."

바로 그것입니다. 7만 5천 달러의 봉급이 일용직에서 시작한 한 남자에게 지급되었고, 그 보수 이상으로 일하는 적극성 때문에 봉급 외에 10배보다 많은 보너스가 지급된 것입니다.

보상을 생각하지 않고 일하는 습관은 분명히 그에 상응하는 보수를 받게 해줍니다. 왜냐하면 어떤 사람이 그런 습관을 실천할 때마다 봉사를 받은 대상으로 하여금 다시 갚아주어야 할 의무를 안겨주기 때문입니다.

어느 누구도 보상을 생각하지 말고 일하라고 강요를 받거나, 받는 보수보다 더 많이 서비스를 행하도록 하는 부탁을 받지도 않습니다. 그러므로 그런 습관은 자발적으로 적용해서 길러야 합니다.

보상은 여러 가지 다양한 형태로 이루어집니다. 보수가 증가하는 것은 물론이고, 승진도 당연한 결과입니다. 호의적인 작업환경과 즐거운 인간관계도 역시 그러합니다. 그리고 이러한 결과를 토대로 경제적인 안정을 자기 손으로 일구어낼 수 있게 됩니다.

보상을 생각하지 않고 일하는 습관을 따르는 사람이 얻을 수 있는 이득은 그 외에도 얼마든지 많습니다. 양심을 존중하고 순응하게 만듦으로써 영혼의 자극제 역할을 수행합니다. 그리하여 다른 습관을 통해 이룰 수 없는 건전한 성격이 자리 잡게 해줍니다.

　어린 자녀에게도 이 원리를 활용할 수 있습니다. 더 많고 더 나은 서비스를 행함으로써 이익을 얻을 수 있다는 것을 가르쳐주면, 아이들이 평생 지속할 건전한 성품을 키워줄 수 있을 것입니다.

　앤드류 카네기의 철학은 경제철학이라고도 할 수 있습니다. 아니, 오히려 경제철학 그 이상입니다. 또 인간관계에 필요한 윤리철학이기도 합니다. 서로의 조화와 이해, 약자와 불우한 사람에 대한 동정심을 갖게 해줍니다. 이웃의 든든한 후원자가 되도록 가르치며, 그렇게 함으로써 보상을 얻게 해줍니다.

2. 놓치기에는 너무 아까운 사람이 되라

받는 보수 이상으로 더 많고 더 나은 서비스를 하라는 것은 적절한 보상을 받지 않고도 그런 일을 하는 것이 불가능하기 때문에 모순처럼 들릴 수도 있습니다.

그러나 보상은 여러 가지 형식으로 다양한 원인으로 제공되며, 어떤 것은 괴이하고 전혀 예기치 못한 이유로 제공될 수 있습니다.

물론 이런 타입의 서비스를 행하는 사람은 그 서비스를 베풀어준 사람에게서 늘 적절한 보상을 받지는 않을 것입니다. 그러나 이러한 습관은 그에게 성장할 수 있는 많은 기회를 주는데, 그중에는 더 좋은 새로운 고용 기회들도 있을 것입니다. 그러므로 그의 보수는 간접적으로 이루어지는 것이 됩니다.

랠프 왈도 에머슨은 이러한 사실을 〈보상〉이라는 에세이에서 다음과 같이 의미심장하게 표현했습니다.

"당신이 불쾌한 주인을 섬기고 있다면, 그에게 더욱

많이 봉사하라. 신이 당신에게 빚을 지게 만들라. 모든 노력에 보상이 있을 것이다. 보상이 늦으면 늦을수록 당신에게는 더 크게 이루어질 것이다. 복리(複利)에 복리를 더하는 것이 신이 베푸는 관례이고 법칙이기 때문이다."

다시 한번 모순처럼 들리겠지만 사람이 노력을 기울일 가장 좋은 시기는 직접적이든 간접적이든 금전적 보상을 얻지 못할 때라는 걸 명심해야 합니다.

샐러리맨에게 적용되는 두 가지 보상법이 있습니다. 하나는 돈으로 받는 임금입니다. 또다른 하나는 경험을 통해서 얻는 능력입니다. 이 능력과 경험은 더많은 급료와 더 나은 지위로 승진하는데 가장 중요한 자원이기 때문에 금전적인 보수 이상의 의미가 있습니다.

보상을 생각하지 않고 일하는 습관을 지키는 사람이 가져야 할 마음가짐은 이런 것입니다. 즉 더 나은 지위와 봉급을 위해 자신을 단련시킨 대가를 받을 것이라고 인정하는 것입니다.

이것은 아무리 욕심 많고 탐욕스러운 고용주일지라도 근로자에게서 절대 빼앗아갈 수 없는 재산입니다. 에머슨이 표현한 대로 '복리에 복리를 더한 이자'인 것입니다.

찰스 슈왑이 저임금의 일용직 노동자로 시작해 고용주가 제공한 가장 높은 지위에 오르기까지 차근차근 승진할 수 있었던 것도 바로 그 재산 때문이었습니다. 또한 슈왑이 자기 봉급의 10배보다 많은 보너스를 받을 수 있게 한 바로 그 재산입니다.

슈왑이 받은 100만 달러의 보너스는 그가 최선의 노력을 기울인 모든 일에 대한 보상이었습니다. 따라서 전적으로 그가 해낸 일임을 명심합시다. 즉 보상을 생각하지 않고 일하는 습관을 따르지 않았다면 일어날 수 없었던 성과였던 것입니다.

따라서 앤드류 카네기는 그 성과와는 아무런 관련이 없습니다. 완전히 카네기의 손에서 벗어난 일입니다. 슈왑은 고용주가 약속한 적이 없는 특별 보수를 주었다는 것을 잘 알았을테고, 카네기는 그렇기 때문에 막대한 보너스를 지불했습니다. 즉 카네기는 귀중한 사람을 잃는 것보다는 보너스를 지급하는 것이 백배 낫다고 판단한 것입니다.

보상을 생각하지 않고 일하는 습관을 따르는 사람은 그렇게 함으로써 자기 서비스를 받은 당사자에게 정확한 보상을 위해 두 가지 의무를 지운다는 점은 주목합시다. 하나의 의무는 일에 대한 당연한 보수로서 지급해야 하는 보상입니다. 또다른 의무는 귀중한 인재를 놓칠지 모른다는 두려움에 근거한 보상입니다.

그러므로 보상을 생각하지 않는 원칙을 어떤 시각으로 보든지 간에 그런 습관을 따르는 사람들은 모두 '복리에 복리를 쳐서' 보상을 받는다는 동일한 결론을 내릴 수밖에 없습니다.

제5장

자제력을
발휘하라

자제력을
발휘하라

자기 마음을 완벽하게 지배하는 사람이라면, 가질 수 있는 건 모두 다 차지할 수 있을 것이다.
-앤드류 카네기

이제 자신의 마음을 완벽하게 지배할 수 있는 방법을 알려줄 차례입니다. 모든 사람들이 진심으로 "나는 내 운명의 주인이며, 내 영혼의 지휘관이다." 라고 말할 수 있다면 얼마나 좋겠습니까? 만약 조물주가 사

람을 그렇게 만들었다면 사람들의 능력은 한 가지 힘, 즉 생각의 힘을 통제하는 권리에만 국한되지 않았을 것입니다. 사람들은 심신의 자유를 추구하면서 인생을 살아가지만, 대부분 그렇게 되지 못하고 생을 마감합니다. 왜 그럴까요? 사람들은 왜 스스로 만든 감옥 속에 갇혀 인생을 마감하는 것일까요?

가난이라는 감옥, 질병이라는 감옥, 두려움이라는 감옥, 무지라는 감옥 등 그곳에서 벗어날 수 있는 열쇠는 얼마든지 쉽게 얻을 수 있는데도 말입니다. 자유에 대한 열망은 사람들이 가진 보편적인 열망이지만, 극소수만이 그 열망을 성취합니다. 왜냐하면 자기 마음속에서 해답을 찾지 않고 다른 곳만 바라보기 때문입니다. '부'에 대한 열망도 보편적인 열망이지만, 대다수는 인생의 진정한 '부'를 깨닫지 못합니다. 모든 부는 자신의 마음속에서 시작된다는 것을 깨닫지 못했기 때문입니다.

사람들은 평생동안 부와 명예를 추구하지만, 대부분 두 가지 모두 얻지 못합니다. 이것 역시 두 가지의 진정한 근원이 자기 마음속에 있다는 것을 모르기 때문입니다.

마음의 매커니즘은 오직 한 가지 수단에 의해서만 통제되는 심오한 조직체계인데, 그 수단이 바로 엄격한 자제력에 있습니다. 자제력을 통해서 자신을 정복한 사람은 다른 사람에게 결코 지배당하지 않습니다.

1. 생각하는 습관을 조절하라

자제력은 생각하는 습관을 조절함으로써 얻어지는 것입니다. 또한 자신을 다스린다는 것은 마음속에서 일어나는 일이기 때문에 자제력은 오로지 생각하는 능력과 관계가 있습니다. 물론 그 효과는 신체기능에 영향을 미칠 수도 있습니다.

어쨌든 여러분은 평소의 사고습관 때문에 오늘날 여러분의 위치에 서게 된 것입니다. 즉 여러분의 사고습관은 여러분은 자신에게서 지배를 받고 있는 것입니다.

사고습관이란 사람이 완벽하게 통제할 수 있는 유일한 대상인데, 그것은 참으로 중대한 의미를 지닙니다. 조물주가 사람에게 그런 특권이 꼭 있어야 한다는 것을 인정했다는 증거이기 때문입니다. 그렇지 않다면 사람들에게 오로지 사고습관을 조절할 수 있는 능력만 허락하지는 않았을 것입니다.

또 조물주가 사람에게 자기 생각을 조절할 수 있도

록 막강한 권리를 주었다는 또다른 증거는 "습관의 힘"이라는 법칙을 통해 명백히 찾아낼 수 있습니다. 그 법칙에 따라 사고습관이 영원히 고정되어 큰 힘을 들이지 않고도 자동 작동되기 때문입니다.

사람이 자기 뜻대로 사고 패턴을 목표에 맞춰 만들어나갈 수 있도록 조물주가 인간에게 부여한 능력이 바로 그 자제력입니다.

그것은 특권이 동시에 막중한 책임이기도 합니다. 자제력은 다른 어떤 능력보다도 인생의 목표에 도달하는데 훨씬 결정적인 힘을 발휘하기 때문입니다.

사람들에게는 여러 가지 습관이 있습니다. 어떤 것은 자발적으로 만드는 반면, 어떤 것은 자기도 모르는 사이에 생기는 것도 있습니다. 무의식중에 생기는 습관은 공포, 의심, 불안, 걱정, 질투, 미신, 탐욕, 증오로 인해 만들어집니다.

자제력은 사고습관이 "습관의 힘" 법칙에 따라 자동 표현될 때까지 조절할 수 있는 유일한 수단입니다. 그러므로 자제력은 정신적 육체적인 운명을 결정하는 열쇠인 것입니다.

사람은 스스로 사고습관을 결정함으로써 자신이 바라는 목표를 달성할 수 있습니다. 반대로 통제 불가능한 상황에 직면했을 때 포기하는 사고습관이 고정되면 인생이라는 거대한 강이 실패 쪽으로 흘러가고 맙니다.

다시 말해 간절한 열망을 향해 마음을 길들임으로써 그 열망을 반드시 성취해낼 수 있습니다. 반면 바라지 않는 결과만 생각하면 틀림없이 그렇게 되고 맙니다. 여러분의 마음가짐이 긍정, 부정 어느쪽이든지 바로 그것에서 사고습관은 무럭 무럭 커갈 것입니다.

그것은 밤이 지나면 아침이 오는 것처럼 확실한 진리입니다. 따라서 애타게 갈망하는 인생의 꿈을 향해 여러분의 마음을 일깨우고 의욕을 불어넣어야 합니다.

자제력을 발휘하면 자신의 마음을 완벽하게 통제할 수 있습니다. 마음이란 여러분이 소망을 달성하도록 당연히 시중드는 역할을 하게 되어 있습니다. 세상 어떤 것도 여러분의 동의와 협조 없이는 여러분의 마음을 간섭하거나 영향을 미칠 수 없기 때문입니다.

따라서 여러분은 자신이 당해낼 수 없을 것 같은 상황이 생겨 괴로울 때, 이것이 있음을 기억해야 합니다. 두려움과 의심이 마음을 비집고 들어오려고 할 때, 이것이 있음을 기억해야 합니다. 가난에 대한 걱정이 '풍요에 대한 희망'으로 가득 차야 할 여러분의 가슴을 파고들 때도 이것이 있음을 기억해야 합니다.

이것이 바로 자제력임을 기억하십시오. 자제력을 발휘할 때 사람들은 자신의 마음을 완벽하게 소유할 수 있게 됩니다.

여러분은 땅 위의 먼지 속을 기어 다니는 벌레가 아닙니다. 만약 그렇다면 두 다리로 걷는 대신에 배로 땅을 기어다녀야 할 것입니다. 여러분의 몸은 서고 걷도록 만들어져 있으며, 또한 성취할 수 있는 한 가장 높은 목표에 도달할 수 있는 방법을 생각해 내게끔 만들어져 있습니다.

그런데 왜 적은 것에 만족하는가? 왜 조물주가 준 귀중한 선물, 즉 마음을 지배하는 힘을 무시하여 그를 모독하고 있는가?

2. 부정적인 생각은 자기 파괴를 불러온다

인류의 가장 큰 적은 두려움입니다.

사람들은 넘쳐나도록 풍부한 재산을 갖고 있으면서도 가난을 두려워합니다.

사람들은 우리 몸이 자동적으로 조화롭게 유지되도록 정교한 체계로 이루어져 있음에도 불구하고 건강이 나빠질까 두려워합니다.

사람들은 주변에 뭐라고 하는 사람이 없을 때에도 비난을 두려워합니다. 그것은 상상력을 부정적으로 사용함으로써 자기 마음속에 스스로 구속을 만든 것뿐입니다.

사람들은 정상적인 인간관계를 유지하는데 저촉될 만한 행동을 하지 않으면서도 친구나 친지들의 사랑을 잃을까봐 두려워합니다.

사람들은 늙어가는 것을 두려워합니다. 하지만 그것은 더 큰 지혜와 이해력을 넓히는 수단으로 받아들여야 합니다.

사람들은 자유는 타인과의 조화로운 관계에 달려 있다는 것을 잘 알면서도 잃어버릴까봐 두려워합니다.

　사람들은 죽음은 사람의 힘으로 어떻게 할 수 없는, 피할 수 없는 운명인걸 알면서도 언제나 두려워합니다.

　사람들은 실패는 그에 상응하는 이득의 씨앗을 함께 가져온다는 것을 모른 채 그저 실패만을 두려워합니다.

　사람들은 번개치는 것을 두려워했지만, 프랭클린이나 에디슨 등 자기 마음을 완벽하게 소유한 소수의 사람들은 번개가 물리적인 에너지의 형태로서 인류에게 유용한 가치가 있다는 점을 증명해냈습니다.

　그러나 대다수 사람들은 마음을 열고 신념을 발휘해 우주의 무한한 지혜를 받아들이는 대신, 불필요한 두려움 속에 갇혀 마음을 굳게 닫아 걸었습니다.

　공중을 나는 새와 들의 짐승들조차 내일 무엇을 먹을까, 무엇을 입을까 걱정하지 않습니다. 그런데 하물며 만물의 영장인 사람들은 그런 평범한 진리를 깨닫지 못하고, 아무 소용도 없는 근심, 걱정에 파묻혀 살고 있습니다.

또 기회가 부족하다고 불평만 하며, 자기 마음을 소유하려고 시도하는 사람들을 거세게 비난합니다. 그것은 건강한 마음을 가진 사람들에게는 필요한 모든 물질적인 것을 공급받을 권리와 능력이 있다는 것을 모르기 때문입니다.

또한 육체에 고통이 오는 것은 몸이 개선을 필요로 한다는 것을 알리는 만국 공통어인데도, 그저 그 고통으로 인한 불편만을 두려워합니다.

사람들은 그런 두려움 때문에 스스로 얼마든지 해결할 수 있는 사소한 일도 쉽게 포기하고, 그저 신을 찾아 기도만 합니다. 그렇기 때문에 원하는 결과를 얻지 못했을 때 실패를 통해 오히려 풍부한 정신적 축복을 얻을 수 있음을 전혀 깨닫지 못하는 것입니다.

사람들은 원죄에 대해 흔히 이야기합니다. 그러나 사람들은 전지전능한 하나님이 세상의 어떤 부모보다도 훨씬 더 풍성한 축복을 자녀에게 공급한다는 믿음의 상실이 모든 죄 중에 가장 크다는 사실은 깨닫지 못하고 있습니다.

사람들은 문명의 발명품들을 "전쟁"이라는 파괴의 도구로 바꿔놓았으면서도, 기근과 불황이 닥치면 큰 소리로 불평을 늘어놓습니다.

이렇듯 사람들은 자제력을 통해 마음의 힘을 통제, 조절함으로써 인생의 목표에 도달할 수 있다는 것을 모르고, 그런 힘을 헛되이 남용하고 있습니다.

따라서 우리 모두 그렇게 살아간다면 풍성한 알맹이는 모두 내다버리고, 겨만 골라먹으며 일생을 보낼 수밖에 없을 것입니다.

3. 자제력으로 승부하라

신념은 사람이 가진 감정 중에서 가장 강력합니다. 신념이 명확한 목표를 향해 건설적으로 조직된 행동으로 표현될 때 진가를 발휘할 수 있습니다. 하지만 행동없는 신념은 한낱 백일몽, 가망 없는 헛된 꿈이 되어버립니다.

명확한 목표를 통해 그러한 신념을 자극하는 것이 바로 자제력입니다.

열망과 신념은 명확한 관련성을 갖고 있어 불타는 열망이 있는 곳에는 신념의 힘도 반드시 작용합니다. 신념의 정도는 열망의 정도가 얼마나 뜨거운가와 정확히 일치한다고 할 수 있습니다. 하나가 자극 받으면 또다른 하나도 자극을 받게 되어 있습니다.

다시 말해 여러분이 조직화된 습관을 통해 하나를 통제하고 지배하면, 또다른 하나도 역시 통제하고 지배할 수 있게 됩니다. 이 조직화된 습관이 바로 자제력입니다.

영국에서 가장 위대한 수상이었다고 평가받는 벤저민 디즈레일리는 명확한 목표를 세우고 의지를 불태운 결과 그런 위치에까지 오를 수 있었습니다.

그가 처음에 선택한 직업은 작가였지만 그리 성공하지는 못했습니다. 12권 이상의 책을 발표했지만, 그중 어느 것도 대중의 관심을 사로잡지 못했던 것입니다.

그는 이런 실패를 실패로서 받아들인 것이 아니라, 더 큰 노력을 기울여서 도전하는 계기로 삼았습니다. 그리고 대영제국의 수상이 되겠다는 명확한 목표를 세운 다음 정계에 입문했습니다.

드디어 그는 1837년 의회에 진출하여 처음으로 국회에서 연설을 하게 되었으나 맥 빠진 연설로 평가받았을 뿐입니다.

그는 그런 실패를 더 시도해야 한다는 도전으로 받아들였습니다. 그리고 포기를 전혀 생각하지 않고 계속 노력한 결과, 1858년 하원의 리더로 부상하였고, 뒤이어 재무부장관에 임명되었으며, 마침내 1868년 영국 수상이 될 수 있었습니다.

그런데 명확한 목표에 도달한 바로 그 시점에서 그는 엄청난 반대에 부딪혀야 했습니다. 디즈레일리 인생의 진정한 "테스팅 타임"이 시작된 것입니다. 그 결과 그는 사임해야 했지만, 그런 일시적인 패배를 패배로서 받아들이지 않았습니다.

그후, 그는 정계에 복귀하여 수상으로 다시 선출되었고, 대영제국의 위대한 건설자로서 막강한 영향력을 행사할 수 있었습니다.

그가 이룬 가장 큰 공로는 아마도 수에즈 운하를 획득한 일일 것입니다. 대영제국에 전무후무한 경제적 이득을 가져다 준 업적이었기 때문입니다.

디즈레일리의 화려한 업적의 기본 바탕은 바로 자제력에 있었습니다. 그 스스로 자신의 업적을 한 문장으로 요약해서 이렇게 표현했습니다. "성공의 비밀은 목적의 일관성이다!"

상황이 가장 어려웠을 때, 디즈레일리는 그의 의지력을 놀랍도록 위대한 힘으로 발휘했습니다. 그럼으로써 일시적인 실패를 견디고 승리를 쟁취할 수 있었던 것입니다.

바로 이런 때가 대다수 사람들이 성공의 노정에서 포기해 버리는 가장 위험한 고비라고 할 수 있습니다. 사태가 험악해지면 포기하고 중단해 버리는 것입니다. 한 걸음만 더 나아가면 승전가를 부를 수 있는데도, 중단해 버리는 경우가 적지 않습니다.

의지력이 가장 필요할 때는 인생의 저항이 가장 클 때입니다. 그러한 고비 때마다 의지를 불태우게 하는 힘이 바로 자제력입니다.

시어도어 루스벨트는 심각한 신체적 장애에도 불구하고, 자제력을 발휘할 때 무슨 일을 해낼 수 있는지를 보여 주는 또다른 사례의 인물입니다.

청년기에 그는 만성 천식을 심하게 앓았고, 시력도 나빴습니다. 친구들은 그가 건강을 회복하지 못할 것이라고 생각했지만, 루스벨트는 자제력의 힘이 무엇인지 알고 있었기 때문에 그들의 시각에 영향을 받지 않았습니다.

그는 서부로 가서, 근로자들 틈에 섞여 뜨거운 뙤약볕의 중노동에 뛰어들었습니다. 그럼으로써 건강한 신체와 굳건한 정신력을 키울 수 있었습니다. 어떤 의사들은 그런 일이 불가능하다고 말했지만, 그는 그들의 판단을 받아들이기를 거부했습니다.

건강을 되찾겠다는 투쟁을 벌인 결과, 그는 자신에 대한 완벽한 자제력을 획득하고 돌아왔고, 정계에 입문한 뒤 불 같은 추진력으로 미국의 대통령에 오를 수 있었습니다.

자기 자신을 이기고 명확한 목표에 도달한 사람들은 자신의 가장 큰 장점은 실패를 실패로 받아들이지 않고 더 노력하겠다는 다짐의 기회로 삼는 "의지"라고 말합니다.

루스벨트가 대통령으로 재직중일 때, 그가 군에 내린 명령이 육체적으로 적응하기가 너무 어렵다며 몇몇 군대 관리들이 불만을 제기했습니다.

그는 무리한 명령이 아니라는 것을 증명하기 위해서 말 등에 올라타 험한 버지니아 길을 100마일이나 달렸고, 군대 관리들은 간신히 그 뒤를 쫓아가야 했습니다.

이러한 행동 뒤에는 육체적인 약점은 핸디캡이 아니라고 믿는 적극적인 정신력이 있었으며, 그런 정신 자세는 행정력에도 그대로 반영되었습니다.

루스벨트의 또다른 일화가 있습니다.

프랑스의 원정대가 파나마 운하 건설을 시도했다가 실패했을 때, 루스벨트는 "운하는 꼭 건설될 것이다." 라고 말했습니다. 그런 다음 운하 건설현장으로 가서 함께 일하면서 그의 굳은 신념을 피력했습니다. 그리고 운하는 건설되었습니다.

이처럼 개인의 능력은 성공하겠다는 의지에 달려 있습니다. 그것은 다른 어떤 수단도 아니고, 오직 자제력에 의해서만 행동으로 드러날 수 있습니다.

로버트 루이스 스티븐슨은 태어날 때부터 몸이 약했습니다. 허약한 체력 때문에 공부를 제대로 하지도 못했습니다.

게다가 23세 무렵에는 건강이 너무 악화되었을 뿐

아니라 영국을 떠날 수밖에 없었습니다. 바로 그때 그는 한 여인을 만나 사랑에 빠졌습니다.

그녀에 대한 열렬한 사랑은 그의 생명을 연장시켰고, 행동에 의욕을 불어넣어주었습니다. 그리하여 건강이 좋지 않았음에도 불구하고 집필을 시작했습니다.

그 결과 세계의 독자들에게 큰 감명을 준 걸작 소설들을 남기게 되었습니다. 그리고 많은 사람들에게 생각의 날개를 달아준 계기가 되어주었습니다.

사랑의 동기가 없었다면 스티븐슨은 틀림없이 인류에 어떤 공헌도 하지 못하고 죽었을 것입니다. 그는 사랑을 통해 고통과 좌절을 이기는 자제력을 발휘했고, 세계적인 작가로 대성할 수 있었습니다.

비슷한 경우로 찰스 디킨즈를 들 수 있습니다. 그는 비극적인 사랑을 경험한 뒤, 위대한 문학작품을 탄생시켰습니다(옮긴이 처녀작「데이빗 카퍼필드」로 디킨즈는 큰 성공을 거두었고, 이후 발표한 작품들로 엄청난 부자가 되었다).

그는 첫사랑의 상처로 인해 좌절하는 대신, 슬픔을 지필에 대한 열정으로 승화시켰습니다. 즉 자제력을 발휘해 슬픔을 큰 재산으로 바꿔놓은 것입니다. 그의 작품에 고스란히 반영되어 있는 천재적인 힘, 즉 '또다른 자신'이 있음을 발견했기 때문입니다.

사람에게는 슬픔과 좌절을 극복하는 강력한 힘이 있는데 그 앞에는 당해낼 상대가 없습니다. 그 힘의 비밀이 바로 자제력에 있습니다.

심신의 자유, 독립, 경제적인 안정은 자제력을 발휘한 결과입니다. 다른 어떤 수단에 의해서도 이러한 열망은 획득되지 못합니다.

이제 남은 일은 여러분 스스로 성공의 여행길을 떠나는 것입니다. 내가 일러준 여러 가지 마음가짐을 명심하고 실천한다면 '마스터키'는 이미 손에 쥐고 있는 것이나 다름 없습니다.

'부(富)의 문을 열어주는 마스터키'는 전적으로 사람의 가장 위대한 힘, 즉 생각의 힘 속에 들어있습니다.

여러분은 여러분 자신의 마음을 소유함으로써, 즉 자제력을 엄격하게 발휘함으로써 '마스터키'를 완벽하게 소유할 수 있게 됩니다.

자제력은 마음가짐을 조절합니다. 마음가짐은 여러분이 인생의 모든 상황에 대처하게 하고 역경, 실패, 좌절을 상응하는 가치의 재산으로 바꿀 수 있게 만듭니다. 그렇기 때문에 긍정적인 정신자세가 인생의 12가지 재산 중에서 첫머리에 위치하는 것입니다.

이처럼 '부의 문을 열어주는 마스터키'란 곧 자신의 마음을 완벽하게 소유하는 것이고, 그러기 위해서는 반드시 자제력이 동원되어야 한다는 것을 이제 명백히 깨달았을 것입니다.

따라서 지금 서 있는 바로 그것에서 출발하여 자신의 주인이 되어야 합니다. 지금 당장 시작하십시오! 비참하고 곤궁한 옛 자아와는 영원히 작별을 고합시다. 우리의 가슴이 열망하는 모든 것을 가져다 줄 수 있는 '또다른 자아'가 있다는 것을 인정하고 기꺼이 받아들입시다.

다시 한번 말하지만 우리가 완벽하게 통제할 수 있는 유일한 대상은 마음가짐뿐이라는 것, 그것이야말로 잊어서는 안 될 가장 중요한 핵심이라는 것을 명심해야 합니다.

이것이 바로 '부의 문을 열어주는 마스터키'이기 때문입니다.